Östliche Bundesländer

Deutschzeit 6

Arbeitsheft

Erarbeitet von
Ana Cuntz, Lilli Gebhard, Ute Glathe,
Renate Gross, Franziska Jaap, Toka-Lena Rusnok

Deine interaktiven Online-Übungen findest du hier:

1. Melde dich auf scook.de an.
2. Gib den unten stehenden Zugangscode in die Box ein.
3. Hab viel Spaß mit deinen Online-Übungen.

Dein Zugangscode auf
www.scook.de

Die Online-Übungen können dort nach Bestätigung der Allgemeinen Geschäftsbedingungen genutzt werden.

ddz2x-fdrb8

Cornelsen

Inhaltsverzeichnis

Abenteuer Forschung

Sprache erforschen

Richtig schreiben

Kennzeichnungen in diesem Arbeitsheft:

☺ Das ist mir schon gut gelungen.

☹ Hier muss ich noch üben.

Teste dich! Hier kannst du dein Wissen testen.

Checkliste ✓ Hier findest du nochmal die wichtigsten Schritte im Überblick.

Unheimliches und Merkwürdiges

Geschichten untersuchen und erzählen

Gespensterjäger auf eisiger Spur *Cornelia Funke*

Es ist für Tom ein Tag, an dem vieles schiefgeht. Als er aus der Schule nach Hause kommt, bittet ihn seine Mutter, etwas aus dem Keller zu holen. Tom hat aber Angst davor, in den Keller zu gehen.

[...] In dem großen Haus, in dem Tom wohnte, hatte jede Wohnung einen eigenen Keller. Aber Tom war der festen Überzeugung, dass ihr Keller der dunkelste, unheimlichste, spinnenverseuchteste war. Und er wusste auch, warum.

Der Hausmeister, Egon Riesenpampel, war ein Kinderhasser. Und weil Tom und Lola die einzigen Kinder im Haus waren, hatte ihre Familie auch den allerschrecklichsten Keller bekommen. Ganz klar!

Als Tom vor der staubigen Tür stand, kniff er die Lippen zusammen und rückte entschlossen seine Brille zurecht. Der enge, kalte Flur, von dem die Kellertüren abgingen, war nur spärlich beleuchtet, und Tom hatte wie immer Schwierigkeiten, den verdammten Schlüssel ins Schloss zu kriegen. Die Tür quietschte scheußlich, als Tom sie aufstieß.

Modrig riechende Schwärze gähnte ihm entgegen.

Tapfer machte er einen Schritt vorwärts und tastete nach dem Lichtschalter. Wo, zum Teufel, war das verflixte Ding? Es war so ein altmodischer Drehschalter, an dem man sich die Finger verbog. Na endlich. Da war er. Tom drehte ihn herum. Eine jämmerliche kleine Glühbirne flammte auf und – paff! – zerplatzte in tausend Splitter.

Erschrocken stolperte Tom zurück – und stieß mit dem Ellenbogen gegen die Kellertür. Rums!, fiel sie ins Schloss. Tom stand mutterseelenallein im pechschwarzen Keller.

„Ganz ruhig!", dachte er. „Ruhig bleiben, alter Junge. Es ist nur die blöde Glühbirne zerplatzt."

Aber seit wann zerplatzen Glühbirnen einfach?

Tom spürte, wie sein Mund trocken wie Schmirgelpapier wurde. Er wollte einen Schritt zurück machen. Aber seine Schuhe klebten an irgendwas fest. Er hörte seinen eigenen Atem. Und dann ein leises Rascheln. So, als striche etwas über die alten Zeitungen, die Mama irgendwo in der Dunkelheit gestapelt hatte.

„Hilfe!", flüsterte Tom. „Oh Mann, Hilfe!"

„Aaaaaahoooo!", stöhnte es ihm aus der Finsternis entgegen. Kalter, modrig stinkender Atem strich ihm übers Gesicht. Und eisige Finger packten seinen Hals.

„Weeeg!", schrie Tom und schlug wie ein Wilder um sich.

„Weg, du widerliches Ding!"

Die Eisfinger ließen seinen Hals los und zogen an seinen Ohren. Irgendwas schimmerte weißlich in der Dunkelheit. Irgendwas mit giftgrünen Augen, flatterndem Haar und höhnischem Grinsen.

„Ein Gespenst!", dachte Tom fassungslos. „Ein richtiges Gespenst!"

„Ooouuuuaaaah!", jaulte das entsetzliche Ding.

Mit einem verzweifelten Ruck zog Tom die Füße aus den festgeklebten Schuhen. Er taumelte zur Tür und tastete zitternd nach dem Riegel. Das grausige Etwas zerrte an seinen Haaren und an seiner Jacke und heulte ihm die Ohren voll. Mit letzter Kraft riss Tom die Tür auf, das Gespenst wich mit erbostem Kreischen zurück – und Tom stolperte halb tot vor Schreck auf den Flur hinaus. [...]

1 Markiere eine Textstelle, die du besonders unheimlich findest. Begründe in Stichpunkten, warum diese Stelle auf dich unheimlich wirkt.

____

____

2 Untersuche, welche Handlungsbausteine der Text enthält. Gehe so vor:
a) Ergänze in der Tabelle Stichpunkte und Zeilenangaben zu den Handlungsbausteinen des Textes.
b) Wie könnte die Handlung weitergehen? Ergänze die Stichpunkte zu den fehlenden Bausteinen.

Handlungsbaustein	**Ort, Zeit, Handlung**	**Spannung** *Wie wird Spannung erzeugt?*
Ausgangssituation der Hauptfigur Z. 1 – ____	*Keller,*	*Adjektive:*
Problem der Hauptfigur Z. ____ – ____		
Lösungsversuch der Hauptfigur		
Ende		

3 Zeichne in das freie Feld eine Spannungskurve zu der Textstelle auf Seite 4. Notiere Zeilenangaben für die spannendste Stelle der Kurve.

4 Schreibe mithilfe deiner Stichpunkte aus Aufgabe 2 eine mögliche Fortsetzung zu der Textstelle in dein Heft.
Tipp: Stelle auch dar, was die Figur denkt, hört, fühlt und sieht. Verwende passende Adjektive und Vergleiche, um deine Fortsetzung spannend zu gestalten.

Spannung erzeugen

1 a) Lies die folgenden drei Fortsetzungen der Textstelle von Seite 4. Welche der drei Varianten wirkt am spannendsten? Begründe.

Ich finde die Fortsetzung ______ am spannendsten, weil ______________________

____

A […] Mit einem Schlag war es still. Totenstill.
Nur die Tür knarrte in ihren Angeln. Tom gab ihr einen Stoß, und sie fiel ins Schloss. Mit schlotternden Knien rannte er zur Treppe. Nur weg! Weg!
So schnell hatte er die drei Stockwerke noch nie geschafft, obwohl er sich dauernd umschaute.
Keuchend erreichte er die Wohnungstür und hämmerte dagegen. […]

B Mit einem Mal war es still. Nur die Tür war zu hören. Tom schloss die Tür. Mit wackeligen Knien lief er schnell zur Treppe und rannte nach oben zur Wohnungstür.

C Mit einem Mal war es äußerst still, so wie Tom schon lange keine Stille mehr erlebt hatte. Es war so ausgesprochen still, als ob man über einen Friedhof geht. Die Tür machte knarrende Geräusche, weil sie schon lange nicht mehr geölt worden war. Tom stieß mit seinem Fuß gegen die Tür, sodass sie zufiel. Er hatte weiche Knie, da er große Angst hatte. Aus diesem Grund lief er schnell zur Treppe, die nach oben führte. Dabei dachte Tom: Ich will so schnell wie möglich von dem Keller fort! Er lief rasch die Treppe nach oben. So war Tom noch nicht gerannt, selbst im Sportunterricht nicht. Dabei drehte er sich immer wieder um, um zu sehen, ob das Gespenst ihm folgte. Er kam vor der Wohnung an, in der er mit seinen Eltern und seiner Schwester wohnte.

b) Wodurch wirkt diese Fortsetzung spannender als die anderen? Markiere die entsprechenden Textstellen und beschreibe sie in Stichpunkten.
Tipp: Achte auf Wiederholungen, die Länge der Sätze sowie bestimmte Wörter und Satzarten.

____

____

____

c) Was macht die beiden anderen Varianten weniger spannend? Begründe kurz mit Beispielen.

____

____

____

2 a) Stelle ein Wortfeld aus Verben zusammen, mit denen du unheimliche Geräusche in einer Geschichte besonders anschaulich darstellen kannst.

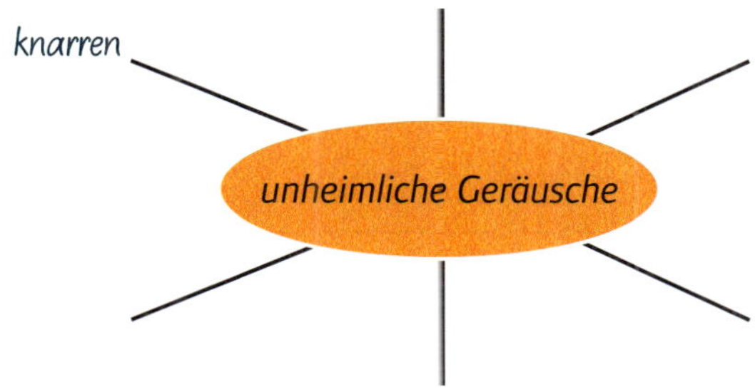

b) Formuliere mit den Verben aus Aufgabe a) Beispielsätze, die unheimlich und spannend wirken, z. B.:
Während Lisa nachts wach im Bett lag, hörte sie, dass es auf dem Dachboden leise knarrte.

3 Suche zu den Adjektiven im Wortspeicher Wörter, Wendungen oder Vergleiche, die unheimlich wirken und Spannung erzeugen können.

dunkel · leise · groß · langsam · leuchtend

4 Überarbeite folgende Sätze in deinem Heft so, dass sie spannender wirken
Stelle dabei auch die Gedanken, Gefühle, Sinneswahrnehmungen und körperlichen Reaktionen der Figur dar und verwende Signalwörter, z. B. *plötzlich, auf einmal, da.*
Lukas war mutterseelenallein zu Hause. ...

Lukas war allein zu Hause. Nachts wachte er auf. Es war dunkel und der Mond schien in sein Kinderzimmer. Er hörte ein Geräusch auf dem Dachboden.

Eine Geschichte überarbeiten

1 Eine Schülerin hat eine Fortsetzung der Textstelle auf Seite 4 geschrieben. Wirkt der Text unheimlich und spannend? Begründe in Stichpunkten.

Nach dem Schrecken im Keller rannte Tom zurück in die Wohnung.	Was dachte Tom? Wie fühlte er sich?
Seine Schwester Lola öffnete auf sein Klopfen hin die Tür.	
Sie sah, dass er außer Atem war, und wunderte sich, dass er so blass	
war. Er berichtete von dem unheimlichen Erlebnis im Keller. Lola musste	wörtliche Rede ergänzen
lachen und überredete ihn, mit ihr gemeinsam noch einmal in den Keller	
zu gehen. War es dort tatsächlich unheimlich oder hatte ihr Bruder zu	
viele Gruselgeschichten gelesen?	gut!
Doch als sie vor der Kellertür standen, wurde auch Lola nervös.	genauer: Gedanken, Gefühle
Tom bekam vor Angst kalte Hände und Füße und wollte am liebsten	Was dachte Tom?
fortlaufen. Da nahm Lola ihn an der Hand und öffnete langsam die	
Kellertür. Das Licht funktionierte nicht mehr, weil die Glühbirne	kürzere Sätze, die Spannung erzeugen
zersprungen war und noch niemand sie gewechselt hatte. Deshalb	
war es leider dunkel. Schritt für Schritt betraten sie den Kellerraum	
und hinter ihnen fiel mit einem Geräusch die Tür zu. Irgendwo in der	Signalwort ergänzen
Nähe hörten sie etwas über den Kellerboden gehen. Eine Spinne lief an	genauer; passendere Verben
einem Spinnenfaden dicht vor ihnen von der Decke. Tom erschrak.	
Lola fand das nun doch auch unheimlich. Hinter dem Regal kam etwas	
hervor und ging an den beiden vorbei. Dabei fasste es Toms Arm und	
lachte. Tom und Lola erschraken. Das Gespenst flatterte weiter.	
Es blieb an einer großen Kiste hängen, und als der weiße Umhang	
herabfiel, ...	

2 Überarbeite den Text der Schülerin. Gehe dabei so vor:
- Nutze die Hinweise am Rand und überlege, wie du die markierten Textstellen überarbeiten kannst.
- Markiere im letzten Abschnitt des Textes die Stellen, die überarbeitet werden müssen, und notiere Verbesserungsvorschläge am Rand.
- Überarbeite den Text in deinem Heft und ergänze einen Schluss.

Eine unheimliche Geschichte erzählen

1 Schreibe zu dem Bild eine unheimliche Geschichte. Gehe so vor:
a) Lege in deinem Heft einen Schreibplan wie auf Seite 5 an und ergänze Stichpunkte.
b) Schreibe die Geschichte in dein Heft.

Handlungsbaustein	Ort, Zeit, Handlung	Spannung *Wie wird Spannung erzeugt?*
Ausgangssituation der Hauptfigur	...	...

2 Überarbeite deine Geschichte mithilfe der Checkliste unten.

Checkliste	Eine unheimliche Geschichte erzählen	☺	☹
Inhalt	✓ Formuliere die **Handlungsbausteine** so, dass die Handlung nachvollziehbar ist.	☐	☐
	✓ Erzähle aus der **Sicht** (Perspektive) einer bestimmten Figur oder aus der Sicht einer Erzählerin / eines Erzählers.	☐	☐
Sprache	✓ Erzeuge **Spannung** und eine **unheimliche Stimmung**, z. B. indem du	☐	☐
	– bestimmte Ereignisse nur andeutest,	☐	☐
	– Gedanken, Gefühle, Sinneswahrnehmungen, Handlungen und körperliche Reaktionen der Figuren darstellst,	☐	☐
	– geeignete Adjektive und Verben sowie Vergleiche und sprachliche Bilder, die Spannung erzeugen, verwendest,	☐	☐
	– Signalwörter nutzt, um auf etwas Spannendes hinzuweisen,	☐	☐
	– an spannenden Stellen kurze und auch unvollständige Sätze formulierst.	☐	☐
	✓ Schreibe im Präteritum, außer bei wörtlicher Rede.	☐	☐

Ständig online?

Mit Argumenten überzeugen

„Ich finde nicht, dass alle Schüler/-innen schon ein Smartphone besitzen müssen. In der Freizeit stehlen die Geräte viel Zeit, ohne dass man es merkt. Viele sind beispielsweise ständig online und verplempern ihre Zeit, indem sie endlos Nachrichten schreiben oder soziale Netzwerke nutzen."

„Kinder müssen lernen, mit modernen Medien umzugehen. Ein bewusster Umgang mit dem Smartphone hilft dabei."

„Meiner Meinung nach sollten erst Jugendliche ein Smartphone besitzen. Kinder sind noch zu unerfahren und könnten auf Internetseiten landen, die nicht für sie geeignet sind."

„Ohne Smartphone ist man der absolute Außenseiter."

„Ein Smartphone verführt einen dazu, ständig aufs Display zu starren und alles um sich herum zu vergessen. Deshalb finde ich es nicht gut, wenn schon zu junge Kinder ein Smartphone haben."

1. Brauchen Kinder ein Smartphone?
   Wer spricht sich dafür aus, wer dagegen? Notiere jeweils „Pro" oder „Kontra" neben den Aussagen.
2. Wer überzeugen will, stützt seine Meinung durch ein Argument (Begründung) und untermauert es durch ein Beispiel/eine Erläuterung. Prüfe, ob die Aussagen auf diese Weise aufgebaut sind. Gehe dabei so vor:
   a) Markiere jeweils die Meinung, die geäußert wird, gelb.
   b) Markiere die Argumente (Begründungen) blau und die Beispiele, wenn vorhanden, grün.
   c) Überarbeite eine der Aussagen, die nur aus einer Meinung besteht.
   Ergänze ein passendes Argument und ein Beispiel.

3 An einer Schule diskutieren Eltern, Lehrer/-innen und der Schulleiter die Vor- und Nachteile von Smartphones.
a) Markiere die Meinungen gelb, die Argumente (Begründungen) blau und Beispiele grün.
b) Notiere in Klammern, wen die Aussagen jeweils überzeugen könnten (Eltern, Lehrer/-innen oder die Schulleitung).

A *Ein Smartphone gehört nicht in die Schule! Ständig online zu sein bedeutet auch, ständig abgelenkt zu sein. Das wird auch immer wieder im Unterricht bemerkbar, in dem fast täglich Smartphones eingesammelt werden müssen. (Lehrer/-innen)*

B *Ich bin gegen Smartphones, da es immer wieder zu Fällen von Cybermobbing kommt. An vielen Schulen haben einige Schülerinnen und Schüler schon Videos und Fotos online gestellt und andere bloßgestellt. (__________)*

C *Wenn es nach mir geht, brauchen Schülerinnen und Schüler kein Smartphone. Vor allem die verschiedenen Chat-Dienste üben einen starken Druck aus. Auch an unserer Schule sind die ausgeschlossen, die da nicht mitmachen – auch am Nachmittag, in ihrem Privatleben. (__________)*

D *Ein Smartphone ist auch im Unterricht sinnvoll. Die Schülerinnen und Schüler können schnell etwas im Internet recherchieren, ohne in den Computerraum gehen zu müssen. Das ist zum Beispiel bei Projektarbeiten nützlich. (__________)*

E *Ich finde, dass auch schon Kinder ein Smartphone brauchen. Es kann ihnen im Alltag bei organisatorischen Problemen helfen. Fahrschüler können bei Verkehrsproblemen nach Alternativen suchen. (__________)*

4 Brauchen Kinder deiner Meinung nach ein Smartphone?
a) Entscheide, wen du von deiner Meinung überzeugen möchtest (Schulleitung, Lehrer/-innen, Eltern). Notiere in deinem Heft in Stichpunkten geeignete Argumente.
Tipp: Du kannst die Wörter im Wortspeicher nutzen, um passende Argumente zu finden.

> Ausschalten von Smartphones · Internet-Recherche · Cybermobbing außerhalb der Schulzeit · Umgang mit Chat-Diensten · Terminabsprache · Täuschungsversuch · ständige Erreichbarkeit

b) Formuliere deine Meinung mit Argument und Beispiel. Schreibe in dein Heft.
Achte darauf, dass Argumente und Ausdrucksweise geeignet sind, um die jeweilige Person zu überzeugen.

c) Je besser man sein Gegenüber in seinem Argument berücksichtigt, desto überzeugender wird man.
Begründe kurz, warum deine Argumentation geeignet ist, den Adressaten zu überzeugen.

____

____

Schriftlich Stellung nehmen

1 Sind Computerspiele schädlich? Der folgende Text für eine Schülerzeitung setzt sich mit den Gefahren von Computerspielen auseinander. Unterstreiche alle Argumente, die genannt werden.

Wer viel Zeit mit Computerspielen verbringt, verpasst viel

Gute Computerspiele können eine anregende Freizeitbeschäftigung sein. Viele Computerspiele fördern jedoch nicht die Kreativität, man braucht dabei nicht einmal viel nachzudenken. Verbringt man sehr viel Zeit am Computer, wirkt sich das schlecht auf diese Fähigkeiten aus. Bestimmte Spiele sind für Kinder und Jugendliche ohnehin nicht geeignet. Hinzu kommt, dass viele zu lange am Computer sitzen. Das ist schlecht für die Gesundheit, weil man sich zu wenig bewegt. Zudem hat man weniger Zeit, sich mit anderen zu treffen, seine Freizeit kreativ zu gestalten, Sport zu machen oder ein Instrument zu lernen. Meiner Meinung nach sollte man daher möglichst wenig Zeit mit Computerspielen zubringen.

2 Hältst du Computerspiele für schädlich? Formuliere deine Meinung und eine kurze Begründung.

___

___

___

3 Du sollst zu der Frage in einem Leserbrief Stellung nehmen. Gehe dabei so vor:

a) **In der Einleitung einer Stellungnahme nimmt man auf den Text und das Thema Bezug und begründet, warum man Stellung nehmen will.** Ergänze den folgenden Satzanfang.

Der Text über die Gefahren von Computerspielen hat mich angesprochen, weil

___

___

b) **Im Hauptteil formuliert man seine Meinung und untermauert diese mit Argumenten und Beispielen.** Untermauere die folgenden Aussagen mit Argumenten und Beispielen. Verknüpfe bei den folgenden Beispielen jeweils Meinung und Argument mithilfe von *weil*, *denn* oder *da* und hebe die Beispiele mithilfe von *beispielsweise*, *so* oder *zum Beispiel* hervor.

Meiner Meinung nach geht von Computerspielen keine Gefahr aus,

___

___

___

Ich bin der Ansicht, dass man mit Computerspielen vorsichtig umgehen muss,

____

____

____

c) **Im Hauptteil kann man auch mehrere Argumente anführen und diese gewichten, um seine Meinung zu untermauern.** Gewichte die Argumente. Bringe sie in eine sinnvolle Reihenfolge.

- ☐ Computerspiele sind aus dem Alltag von Kindern und Jugendlichen nicht mehr wegzudenken.
- ☐ Verbote oder Beschränkungen sorgen nur dafür, dass Computerspiele auch für die interessant werden, die gar nicht spielen wollen.
- ☐ Gut gemachte Computerspiele können die Fantasie und Kreativität anregen.

d) **Am Schluss fasst man die eigene Meinung zusammen und bekräftigt sie durch das wichtigste Argument.** Ergänze das folgende Beispiel.

Zusammenfassend bin ich der Meinung, dass

____

____

____

4 Sind Computerspiele schädlich?
Verfasse in deinem Heft einen Leserbrief und nimm zu der Frage schriftlich Stellung. Gewichte deine Argumente mithilfe von: *wichtig ist, außerdem ist noch dieses Argument anzuführen, am wichtigsten ist schließlich …*
Tipp: Nutze die Formulierungen, die du in Aufgabe 3 verwendet hast.

Checkliste ✓	**Schriftlich Stellung nehmen**	☺	☹
Inhalt	✓ Nimm in der **Einleitung** auf das strittige Thema Bezug und begründe, warum du Stellung nehmen willst.	☐	☐
	✓ Formuliere im **Hauptteil** deine Meinung und untermauere sie durch geeignete Argumente (Begründungen) und Beispiele.	☐	☐
	✓ Gewichte deine Argumente. Nenne das stärkste Argument zum Schluss.	☐	☐
	✓ Berücksichtige bei der Wahl der Argumente, ob diese dein Gegenüber überzeugen können.	☐	☐
	✓ Fasse zum **Schluss** deine Meinung zusammen und bekräftige sie.	☐	☐
Sprache	✓ Schreibe **sachlich** und vermeide persönliche Abwertungen.	☐	☐
	✓ **Verknüpfe** Meinung, Argumente und Beispiele.	☐	☐

Schritt für Schritt, von A bis Z

Vorgänge beschreiben

1 a) Um jemandem die einzelnen Schritte dieses Fußballtricks beschreiben zu können, benötigst du passende Nomen und Verben. Markiere die passenden Formulierungen im Wortspeicher.
Achtung: Einige Formulierungen sind nicht treffend genug.

> in eine andere Richtung weiterdribbeln · den Ball dribbeln · gehen · den Fuß nach hinten bewegen · denselben Fuß im Kreis um den Ball bewegen · mit einem Fuß ausholen · Bein um den Ball legen · den Ball anhalten · den Ball festhalten · einen anderen Weg gehen

b) Notiere die Formulierungen in der richtigen Reihenfolge.

den Ball dribbeln,

2 Mithilfe der folgenden Beschreibung soll jemand den Fußballtrick nachmachen können.
a) Vervollständige in den Lücken die passenden Formulierungen von Seite 14.
b) Mache die Reihenfolge der Schritte deutlich: Füge in die farbigen Lücken passende Wörter aus dem Wortspeicher ein.
c) Streiche unsachliche und wertende Formulierungen sowie überflüssige Informationen.

dann · dabei · zunächst · anschließend · gleichzeitig · am Anfang · schließlich · zum Schluss · im Anschluss · zuerst

Einen Übersteiger durchführen

Um einen Übersteiger durchführen zu können, *dribbelt* man den Ball *zuerst*. Nun beginnt der eigentliche Trick, der gar nicht so schwer nachzumachen ist. Er ist sogar ganz einfach, denn er geht so: Mit einem Fuß muss man ______ ______. Um den Gegner auszutricksen, ______ man ______ denselben Fuß im Kreis um den Ball. Diesen muss man ______ ______, damit er nicht wegrollt. Ganz einfach ist dann der letzte Schritt: Man ______ den Ball ______ in eine andere Richtung weiter. Damit kannst du den Spieler der Gegenmannschaft mit Sicherheit austricksen!

d) Formuliere die Anleitung so um, dass sie im Imperativ steht. Schreibe in dein Heft.
Um einen Übersteiger durchführen zu können, dribbele ...

Checkliste	**Vorgänge beschreiben**	☺	☹
Inhalt	✓ Formuliere einen **einleitenden Satz**, in dem du den Zweck deiner Beschreibung nennst. Wenn du bestimmte Materialien benötigst, nenne sie zunächst. Erkläre auch die Fachbegriffe.	☐	☐
	✓ Beschreibe die **einzelnen Schritte** in der richtigen Reihenfolge.	☐	☐
Sprache	✓ Achte auf die **genaue Bezeichnung** der Gegenstände und Tätigkeiten. Verwende bei Bedarf auch Fachbegriffe.	☐	☐
	✓ Verwende passende Wörter, um die **Reihenfolge** der einzelnen Schritte zu verdeutlichen.	☐	☐
	✓ Entscheide dich für die **persönliche** oder **unpersönliche Ausdrucksweise** oder den **Imperativ**.	☐	☐
	✓ Vermeide unsachliche und wertende Formulierungen sowie überflüssige Informationen.	☐	☐
Zeitform	✓ Schreibe im **Präsens**.	☐	☐

Wege beschreiben

1 a) Im folgenden Text wird ein Stadtrundgang durch das Zentrum Leipzigs beschrieben. Lies den Text und zeichne anschließend die Strecke mit einem farbigen Stift in den Stadtplan ein.

Du startest zunächst am Leipziger Hauptbahnhof, überquerst den Bahnhofsvorplatz sowie den Willy-Brandt-Platz und läufst geradewegs auf die Nikolaistraße zu. Diese gehst du dann geradeaus weiter, bis du auf der linken Seite die Nikolaikirche siehst. Gegenüber befindet sich in der Passage Speck's Hof / Hansa Haus der Klangbrunnen. Gehe die Nikolaistraße geradeaus bis zur Grimmaischen Straße. In diese biegst du rechts ein. Nach einigen Minuten kommst du zum Alten Rathaus, das sich auf der rechten Straßenseite befindet. Von hier aus gehst du bis zur Petersstraße weiter, in die du links einbiegst und bis zur Schillerstraße hinunterläufst. Wenn du schließlich die Schillerstraße rechts weitergehst und zum Schluss in den Martin-Luther-Ring rechts abbiegst, gelangst du zum Neuen Rathaus.

b) Begründe kurz in Stichpunkten, warum diese Wegbeschreibung gut gelungen ist.

2 Die folgende Wegbeschreibung muss überarbeitet werden. Gehe so vor:
- Unterstreiche die Stellen im Text, die verbessert werden müssen. Achte auf die Orts- und Richtungsangaben.
- Überarbeite den Text. Achte auch auf eine genaue Wortwahl. Die Vorschläge im Wortspeicher helfen dir.

starten · laufen · einbiegen · entlanggehen · an … vorbeilaufen · um … herumgehen

Gehen Sie zunächst von der Thomaskirche in die Straße. Gehen Sie dann in die Grimmaische Straße und anschließend gehen Sie zum Neumarkt. Daraufhin gehen Sie in die Kupfergasse bis zur Universitätsstraße. Hier gehen Sie rechts bis zur nächsten Querstraße. Diese gehen Sie schließlich hinein und weiter. Auf der Seite sehen Sie das City-Hochhaus.

Starten Sie an der Thomaskirche.

3 Jemand ist neu in Leipzig und fragt dich, wie man von der Thomaskirche zum Hauptbahnhof gelangt. Auf dem Weg dorthin möchte er am City-Hochhaus, dem Park mit dem Schwanenteich und dem Pusteblumen-Springbrunnen auf dem Richard-Wagner-Platz vorbeikommen.
a) Notiere in deinem Heft zunächst in Stichpunkten, welchen Weg die Person am besten gehen sollte.
b) Verfasse nun eine vollständige Beschreibung des Weges von der Thomaskirche zum Hauptbahnhof. Schreibe in dein Heft und verwende dabei den Imperativ.
Starten Sie zunächst an der Thomaskirche und gehen Sie geradeaus in die …

Checkliste ✓	Wege beschreiben	☺	☹
Inhalt	✓ Nenne zu Beginn den **Startpunkt**.	☐	☐
	✓ Beschreibe anschließend den **Weg in Teilstücken**.	☐	☐
	✓ Nenne **Orientierungspunkte** auf dem Weg.	☐	☐
	✓ Beende die Wegbeschreibung mit dem **Ziel**.	☐	☐
Sprache	✓ Verwende genaue **Orts-**, **Richtungs-** und **Entfernungsangaben**.	☐	☐
	✓ Entscheide dich für die **persönliche** oder **unpersönliche Ausdrucksweise** oder den **Imperativ**.	☐	☐
Zeitform	✓ Schreibe im **Präsens**.	☐	☐

Es ist viel passiert …

Über einen Unfall berichten

Wir hatten uns schon so lange auf unser Sportfest am Samstagnachmittag gefreut! Richtig spannend wurde es dann beim Fußballspiel der 6 a gegen die 6 b …!

Ich habe so einen Schreck bekommen und bin im letzten Moment zur Seite gesprungen! Ich verstehe überhaupt nicht, wie das passieren konnte! Jana Köster gehört mit Lukas Jansen zu den besten Spielern der 6 b! Normalerweise hat sie eine gute Übersicht.

Dass sich Jana den Ellenbogen verstaucht hat, konnte man am Anfang gar nicht sehen. Erst später im Krankenzimmer wurde der Arm richtig dick. Schade, dass sie verletzt wurde. Jetzt muss sie erst einmal eine Weile mit dem Fußballspielen aussetzen.

1 Die Erich-Kästner-Schule feiert ein Sportfest. Beim Fußballspiel kommt es zu einem Unfall. Du sollst anschließend im Sekretariat Auskunft über den Unfall geben.
Bringe mithilfe der Informationen aus den Bildern die folgenden Sätze zum Ablauf des Geschehens in die richtige Reihenfolge.

- ☐ Jana läuft in eine Bankreihe und stolpert.
- ☐ Jana fällt über eine Bank auf ihren Ellenbogen.
- ☐ Schüler/-innen der 6 a und der 6 b spielen Fußball gegeneinander.
- ☐ Jana verfolgt den Ball und läuft rückwärts.
- ☐ Lukas passt den Ball zu Jana.

2 Fülle mithilfe der Informationen aus den Bildern und den Zeugenaussagen sowie deiner Ergebnisse aus Aufgabe 1 das Unfallformular für die Versicherung aus.

UNFALLANZEIGE	
Name, Vorname des Versicherten:	
– **Was** ist passiert?	
– **Wann** hat sich der Unfall ereignet? (Datum und Uhrzeit)	*Samstag, 27.06.2015, 14:35 Uhr*
– **Wo** hat sich der Unfall ereignet?	
– **Wer** war am Unfall beteiligt?	
– **Wie** lief das Unfallgeschehen genau ab? (genaue Schilderung des Unfallhergangs)	
Beim Sportfest der Erich-Kästner-Schule kam es ...	
– **Warum** ist der Unfall passiert?	
– **Welche** Folgen hatte der Unfall?	

3 Überprüfe den folgenden Unfallbericht und markiere die Textstellen, die überarbeitet werden müssen. Achte darauf, ob
- die richtige Zeitform (Präteritum) verwendet wurde,
- der Text sachlich geschrieben und
- die wörtliche Rede vermieden wurde.

Schilderung des Unfallhergangs:

Achtung, Fehler!

Beim Sportfest der Erich-Kästner-Schule kam es am vergangenen Samstag um 14:35 Uhr zu einem Unfall. Der Vorfall hat sich während des von allen lange erwarteten Fußballspiels zwischen der 6a und der 6b auf dem Sportplatz ereignet. Wie im letzten Schuljahr konnte damit auch dieses Sportfest nicht unfallfrei ablaufen. Während des Fußballspiels spielte Lukas Jansen zunächst seine Klassenkameradin Jana Köster an (beide 6b).
Dabei ist der Ball in einem riesigen Bogen durch die Luft geflogen. Unhaltbar für die Schülerin. Jana lief daraufhin rückwärts und versucht mit allen Mitteln, den Ball zu bekommen. Anschließend ist sie in die Bankreihen mit den Zuschauerinnen / Zuschauern gerannt, gestolpert und danach rückwärts über eine der Bänke gefallen. Jana Köster wurde schließlich von ihren Eltern abgeholt und dann zum Arzt gefahren.
Der Sturz verursachte eine Verstauchung des rechten Ellenbogens. „Jana hat insgesamt ein Riesenglück gehabt! Sie hätte sich den Arm bei solch einem Sturz auch brechen können!", so die Einschätzung des Arztes.

4 Prüfe den Bericht: Welche Wörter machen die zeitliche Reihenfolge deutlich?
Unterstreiche sie wie folgt farbig: Was geschah zunächst? – Was geschah gleichzeitig? – Was geschah danach?

5 Mit Nominalisierungen kannst du sachlich formulieren.
Formuliere die folgenden Aussagen mithilfe von Nominalisierungen um.

während er den Ball zuspielte – während des Zuspielens

indem sie den Ball verfolgte – durch

weil die Schülerin stolperte – wegen

nachdem die Eltern informiert wurden – nach

als er den Arm untersucht hatte – nach

obwohl der Sturz schwer war – trotz

6 Mithilfe von Satzverknüpfungen kannst du den Textzusammenhang des Berichts verbessern. Verknüpfe jeweils zwei Sätze zu einem Satzgefüge. Wähle passende Konjunktionen aus dem Wortspeicher und setze die Kommas.

da · weil · damit · obwohl · indem · während · nachdem · sodass

Es kam zu einem Unfall. Ein Fußballspiel fand statt.

____

Sie konnte den Ball nicht halten. Der Ball flog sehr hoch.

____

Die Schülerin versuchte, den Ball zu halten. Sie lief rückwärts.

____

Die Schülerin verletzte sich. Sie stolperte über eine Bank.

____

Die Eltern wurden informiert. Sie konnten die Tochter abholen.

____

Der Arzt hatte die Verletzung untersucht. Er stellte eine Verstauchung fest.

____

7 Überarbeite den Unfallbericht auf Seite 20. Nutze deine Ergebnisse aus den Aufgaben 5 und 6 sowie die folgende Checkliste. Schreibe in dein Heft.
Beim Sportfest der Erich-Kästner-Schule kam es am vergangenen Samstag um 14:35 Uhr zu einem Unfall. …

Checkliste	**Über einen Unfall berichten**	☺	☹
Inhalt	✓ Informiere in der **Einleitung** möglichst knapp und genau, worüber du berichtest. Beantworte die W-Fragen *Was?, Wann?, Wo?, Wer?*.	☐	☐
	✓ Stelle im **Hauptteil** das Ereignis Schritt für Schritt in der richtigen Reihenfolge dar. Beantworte dabei die W-Fragen *Wie?* und *Warum?*.	☐	☐
	✓ Nenne im **Schlussteil** die Folgen des Ereignisses.	☐	☐
Sprache	✓ Schreibe **sachlich** und **vermeide unnötige Bemerkungen**.	☐	☐
	✓ Mache die **zeitliche Reihenfolge** der Geschehnisse deutlich.	☐	☐
Zeitform	✓ Schreibe im **Präteritum**.	☐	☐

Einfach fabelhaft!

Fabeln untersuchen

Der Fuchs und der Bock im Brunnen *Äsop*

Ein Fuchs, der in einen Brunnen gefallen war, mochte sich noch so sehr bemühen und noch so hoch springen, er konnte sich nicht aus seinem Gefängnis befreien.
Nach einiger Zeit kam ein Ziegenbock zum Brunnen und sah den Fuchs unten hocken.
„Ist das Wasser gut?", fragte der Ziegenbock den Gefangenen.
Der Fuchs spitzte die Ohren und ließ sich nichts von seiner Verlegenheit anmerken.
„Ah, Ziegenbock!", rief er mit seiner sanftesten Stimme, „das Wasser ist frisch und kalt. Komm zu mir und versuche es!"
Der Ziegenbock zögerte nicht lange und sprang zu dem Fuchs hinunter. Das Wasser war, wie der Fuchs gesagt hatte, frisch und kalt, aber nachdem der Ziegenbock getrunken hatte, wusste er nicht, wie er wieder aus dem Brunnen herauskommen sollte.
„Lass mich nur machen", befahl der Fuchs. „Stemm dich mit deinen Vorderbeinen gegen die Mauer und mache deinen Hals recht lang. Ich klettere über deinen Rücken und über deine Hörner hinauf, und wenn ich oben bin, werde ich dir helfen."
Der Ziegenbock richtete sich auf, stemmte seine Vorderbeine gegen die Mauer und reckte den Hals in die Höhe. Der Fuchs hüpfte auf den Rücken des Ziegenbockes, kletterte auf seine Hörner und sprang mit einem mächtigen Satz über den Rand des Brunnens.
Als er selbst in Sicherheit war, dachte er nicht daran, seinem Gefährten zu helfen. Er lief um den Brunnen herum und verhöhnte den Ziegenbock.
„Warum hältst du dein Wort nicht?", jammerte der Ziegenbock. „Ich habe dir geholfen, warum hilfst du mir nicht?"
„Ziegenbock, alter Ziegenbock", spottete der Fuchs, „wenn du so viel Verstand in deinem Kopf hättest wie Haare in deinem Bart, dann würdest du nirgends hinunterspringen, bevor du nicht weißt, wie du wieder herauskommst!"

1 a) Markiere nach dem ersten Lesen eine Textstelle, die du wichtig findest.
b) Begründe kurz deine Wahl.

Diese Textstelle finde ich wichtig, weil ____________________

____

____

____

2 Fabeln sind meist aus typischen Bausteinen aufgebaut.
a) Ordne den Bausteinen Textabschnitte der Fabel mit Zeilenangaben zu.
b) Notiere auf jedem Baustein Stichpunkte zur Handlung.

Ausgangssituation	Rede/Aktion und Gegenrede/Reaktion	Ende
Z. 1 – Z. ____	Z. ____ – Z. 20	Z. ____ – Z. ____
– Fuchs ist in den Brunnen gefallen – kommt aus eigener Kraft nicht hinaus –		

3 Untersuche das Verhalten der Fabeltiere Fuchs und Ziegenbock.
a) Beschreibe unten in Stichpunkten, wie sich der Fuchs und der Ziegenbock verhalten.
b) Warum verhalten sich die beiden Figuren jeweils so? Notiere ihre Beweggründe.
c) Welches Ziel verfolgen der Fuchs und der Ziegenbock jeweils mit ihrem Verhalten? Notiere ihre Ziele.

Fuchs	Ziegenbock
Verhalten: – lockt Ziegenbock in den Brunnen	**Verhalten:**
Beweggrund:	**Beweggrund:**
Ziel:	**Ziel:**

4 Stell dir vor, der Ziegenbock denkt am Ende der Fabel über seine Situation nach.
a) Mit welchen Adjektiven kannst du seine Stimmung am besten beschreiben? Markiere sie im Wortspeicher.

erleichtert · zufrieden · enttäuscht · belustigt · beleidigt · hilflos · traurig · nachdenklich · wütend · ängstlich · rachsüchtig · einsam · gelangweilt · aufgeregt

b) Verfasse einen inneren Monolog des Ziegenbockes. Schreibe in dein Heft.
Was habe ich mir bloß dabei gedacht? So etwas Dummes! ...

Überschrift: ____________________ *Äsop*

Ein Löwe lag im Schatten eines Baumes und schlief. Einige Mäuse liefen neugierig zu ihm hin, und weil sich das schlafende mächtige Tier nicht bewegte, hüpfte eine der Mäuse zwischen seine Pranken. Da wurden auch die anderen mutig, und bald tanzten alle Mäuse auf dem schlafenden König der Tiere herum.

Tanz auf dem Löwen

Die tanzenden Mäuse auf seinem Körper aber weckten den Löwen auf, er schüttelte sich unwillig und fing eine von ihnen mit seiner Pranke. Es war jene Maus, die sich als Erste zu ihm gewagt hatte.

Nun, unter der gewaltigen Pranke des Löwen, zitterte die Maus wohl vor Furcht, versuchte aber, es nicht zu zeigen, und rief: „Ich bitte dich, schone mein Leben! Ich will es dir mit einem Gegendienst vergelten."

Der Löwe hob verdutzt seine Pranke und musste wider Willen über die dreiste Rede des kleinen Tierchens lachen und ließ es laufen.

Einige Zeit später geriet der Löwe in eine Falle. Es war aber nicht fern jener Stelle, wo die Maus in ihrem Erdloch lebte. Als sie den Löwen hilflos in den Netzen der Jäger sah, lief sie zu ihm und nagte mit ihren spitzen Zähnen eine Schlinge entzwei. Dadurch lösten sich die anderen Knoten, und der Löwe konnte das Netz zerreißen und war wieder frei.

1 a) Überlege dir eine passende Überschrift für die Fabel und notiere sie über dem Text.
b) Begründe deine Entscheidung.

Ich habe mich für diese Überschrift entschieden, weil ____________________

2 Gliedere den Text durch Überschriften. Gehe so vor:
- Markiere die Textabschnitte. Verwende jeweils eine andere Farbe.
- Notiere eine passende Überschrift in der gleichen Farbe in dem freien Feld neben dem Text.

3 Zeichne zu jedem Textabschnitt ein passendes Bild in die freie Fläche.

4 a) Welche der folgenden Eigenschaften zeichnet die Maus deiner Meinung nach vor allem aus? Markiere sie im Wortspeicher.

Ängstlichkeit · Mut · Frechheit · Leichtsinnigkeit · Humor · Feindseligkeit

b) Belege deine Meinung, indem du zwei Textstellen mit Zeilenangaben notierst.

Dass die Maus ______ ist, zeigt folgende Textstelle: „

______

______" (Z. ____ – Z. ____)

Dass die Maus ______ ist, zeigt außerdem folgende Textstelle: „

______

______" (Z. ____ – Z. ____)

5 In der Fabel von Äsop auf Seite 24 spielen zwar Tiere die Hauptrolle, aber wie du weißt, sagt die Fabel vor allem etwas über Menschen und ihr Verhalten aus.
Formuliere eine Moral, die deiner Meinung nach gut zu dieser Fabel passt.

______

______

______

Checkliste	**Fabeln untersuchen**
Allgemeines	✓ Lies die Fabel leise für dich und formuliere deinen ersten **Leseeindruck**.
Aufbau	✓ Untersuche den Aufbau der Fabel: Gliedere den Text in **Ausgangssituation mit Konflikt – Aktion/Rede – Reaktion/Gegenrede – Ende mit Lösung des Konflikts.**
Figuren	✓ Untersuche das Verhalten von „Held" und Gegenspieler: – Wie verhält sich die Figur? **(Verhalten)** – Warum verhält sie sich so? **(Beweggründe)** – Welches **Ziel** verfolgt die Figur mit ihrem Verhalten?
Lehre/Moral	✓ Überlege, was die Lehre/Moral der Fabel aussagt. Formuliere eine passende Lehre/Moral, wenn sie am Ende der Fabel fehlt.

Von Drachentötern und Teufelskerlen
Sagen untersuchen und eine Sagenfigur beschreiben

Der Herr der Winde *Waldtraut Lewin nach Homer*

Der Trojanische Krieg wird der Sage nach erst durch die List des Odysseus entschieden: Ein hölzernes Pferd mit Kriegern darin wird in die Stadt geschmuggelt, sodass es den Griechen gelingt, Troja niederzuwerfen. Odysseus, der wie alle anderen Griechen nach Hause segeln möchte, wird aber von den Göttern verflucht und auf eine lange Irrfahrt übers Meer getrieben.

Von der Insel des Polyphemos segelten die entkommenen Griechen weiter zur Insel des Aiolos. Der war der Hüter der Winde und hatte die Macht, zu bestimmen, ob es Sturm gab oder den Schiffern freundlicher Westwind die Segel blähte.

Odysseus und die Seinen wurden von ihm gastfreundlich aufgenommen. Aiolos, seine Frau und seine Familie waren begierig[1] darauf, Neuigkeiten zu erfahren. Sie ließen sich vom Kampf um Troja, vom Untergang der Stadt und von den heldenhaften griechischen Fürsten berichten, und während eines ganzen Monats waren die Seefahrer gern gesehene Gäste bei Aiolos. Dann aber drängte Odysseus zur Heimfahrt.

Da gab ihm Aiolos ein wunderbares Geschenk. Es war ein mächtiger Schlauch aus frischer Ochsenhaut, in dem alle widrigen Winde[2] verschlossen waren. Nur der sanfte Westwind blieb frei, um den Schiffen der Griechen eine glückliche Heimkehr zu ermöglichen.

Neun Tage und neun Nächte segelten sie dahin, und in der zehnten Nacht waren sie ihrer Heimat Ithaka so nahe, dass sie schon die Wachfeuer des Hafens sehen konnten.

Erschöpft von der Mühsal der letzten Tage – denn er hatte während der ganzen Zeit selbst das Steuer gehalten –, gönnte sich Odysseus einen friedlichen Schlaf. Das wurde ihnen allen zum Verhängnis.

Die Männer hatten schon die ganze Zeit über mit gierigen Blicken den Schlauch betrachtet, den Aiolos ihrem Anführer gegeben hatte. Sie vermuteten, dass Odysseus von dem König einen reichen Schatz an Gold und Silber erhalten hatte, den er mit ihnen nicht teilen wollte. Und Poseidon, der jede Gelegenheit nutzte, seinen Sohn zu rächen[3], gab ihnen einen Plan ein[4]. Als Odysseus schlief, nutzten sie die Gelegenheit und öffneten den Schlauch – und wie rasend brachen die ungünstigen Winde hervor. Die Wut der Orkane warf sie in kürzester Zeit wieder zurück zur Insel des Aiolos.

Mit Erstaunen und Verwunderung sah der, dass die griechischen Schiffe wieder in seinem Hafen einliefen. Als er aber erfuhr, dass die Griechen sein Geschenk missbraucht hatten, erbleichte er.

„Ein Gott muss euch zürnen", sagte er. „Verlasst diese Insel, so schnell ihr könnt. Ich will mir nicht den Zorn der Unsterblichen einhandeln, indem ich jemanden beschütze, der einen Frevel[5] begangen hat – und ihr müsst große Frevler sein, wenn euch dergleichen zustößt."

Betrübt fuhren die Griechen davon. [...]

1 begierig: neugierig / von großem Verlangen nach etwas erfüllt
2 widrige Winde: ungünstige Winde, die die Weiterfahrt beeinträchtigen
3 seinen Sohn zu rächen: Poseidon, griechischer Gott des Meeres, verfolgte Odysseus, weil dieser seinen Sohn geblendet hatte
4 gab ihnen einen Plan ein: brachte sie auf eine Idee
5 Frevel: Verstoß gegen die göttliche Ordnung

1 Fasse in zwei bis drei Sätzen zusammen, worum es in der Sage geht.

Die Sage handelt von ______________________

____

____

2 Die Bilder geben die Handlung der Sage wieder.

a) Bringe die Bilder in die richtige Reihenfolge, indem du sie nummerierst.

b) Was passiert im letzten Abschnitt der Sage? Zeichne ein passendes Bild in die freie Fläche.

3 Sagen weisen bestimmte Merkmale auf. Untersuche diese in „Der Herr der Winde". Gehe so vor:

– Prüfe, welche Sagenmerkmale im Wortspeicher auf den Text zutreffen. Ergänze sie in der Mindmap.

– Notiere zu jedem Sagenmerkmal in der Mindmap ein Beispiel aus dem Text. Ergänze Zeilenangaben.

Erklärung eines geschichtlichen Ereignisses • Erklärung eines Naturdenkmals, einer Naturerscheinung • Erklärung sonderbarer Ereignisse • fantastische Elemente • Fabelwesen/Figuren mit besonderen Kräften • wahrer Kern • genaue Ortsangaben noch heute existierender Orte • genaue Zeitangabe

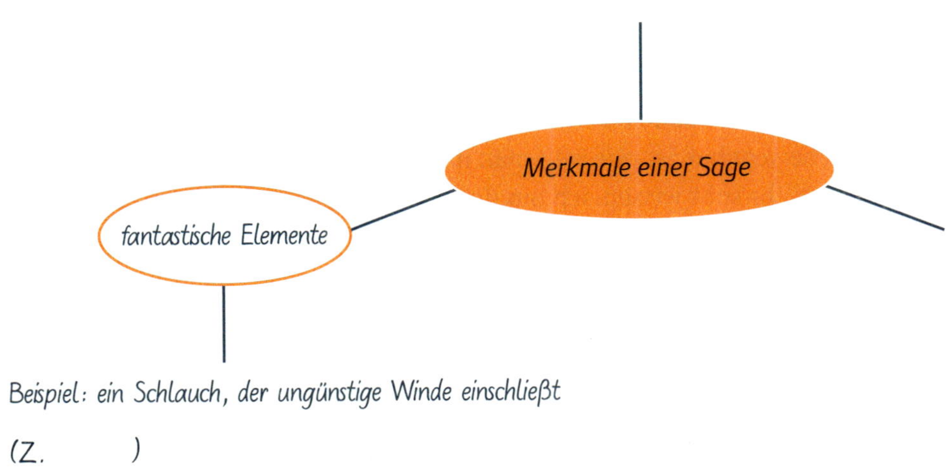

Odysseus bei Alkinoos *Waldtraut Lewin nach Homer*

Als einziger Überlebender nach einem Sturm segelt Odysseus mit einem Floß weiter. Doch Poseidon beschwört einen neuen Sturm herauf, der das Floß zerschmettert. Odysseus kann sich auf eine Insel retten, auf das Land der Phaiaken. Dort herrscht König Alkinoos, dessen Tochter Nausikaa den Schiffbrüchigen findet und ihn zu ihrem Vater bringt.

Langsam näherte sich nun der Schiffbrüchige den Hallen des Alkinoos. […] Dann trat er in die Haupthalle ein. Alkinoos, seine Familie, seine Freunde und seine Berater waren gerade beim Abendessen und spendeten zur Beendigung des Tages dem Hermes[1] ein Trankopfer. Im unsicher flackernden Licht der Fackeln ging Odysseus unbemerkt an den anderen Schmausenden vorbei, bis er beim Königspaar angelangt war. Dort warf er sich vor der Königin nieder, umschlang ihre Knie und rief: „Hehre Herrin, flehend liege ich hier vor dir und vor deinem Gemahl! Mögen die Götter euch Heil und Glück senden. Ich bin ein Schiffbrüchiger, erbarmt euch meiner und helft mir, die süße Heimat wieder zu erreichen!"

Nach diesen Worten erhob er sich und setzte sich, wie es Bittenden geziemt[2], mit niedergeschlagenen Augen in die Asche neben das Herdfeuer, entfernt in einer Ecke der Halle.

Zunächst schwiegen die Phaiaken, zwar erschrocken von dem plötzlichen Auftauchen des Fremden, aber beeindruckt von der edlen Gestalt und berührt von seinen wohlgesetzten Worten. Aber bald hatte Alkinoos die Überraschung verwunden. Er wandte sich ihm zu, winkte ihn herbei, reichte ihm die Hand als einem Gastfreund und lud ihn ein, am Mahle teilzunehmen.

Nachdem sich aber die anderen Besucher zerstreut hatten und Odysseus allein mit dem Königspaar in der Halle zurückblieb, fragte die Mutter Nausikaas: „Lass mich dir eine Frage stellen, Fremder. Du sagtest, du wärst als Schiffbrüchiger hierhergekommen. Woher hast du diese Gewänder?" (Denn natürlich hatte sie erkannt, dass die Kleidungsstücke aus ihrem eigenen Haus stammten.)

Odysseus lächelte und sagte: „Ich lobe deinen Scharfblick, Fürstin. Ja, diese Gewänder wurden mir von deiner Tochter gegeben." […]

Und die fürsorgliche Mutter, die sich nicht sattsehen konnte an dem stattlichen Mann, dachte insgeheim: So ein Schwiegersohn würde mir willkommen sein, denn er überstrahlt alle Männer des Phaiakenlandes an gutem Aussehen, und wie wohlgesetzt[3] er doch reden kann! […]

Am folgenden Tag wurden Kampfspiele abgehalten, bei denen sich Odysseus besonders im Diskuswerfen[4] hervortat, und danach folgte ein festliches Gelage[5]. Zum Schluss trat ein Sänger vor die Versammelten und begann, sie mit Liedern zu unterhalten, in denen die Taten großer Heroen[6] besungen wurden. Vor allem berichtete er von der Eroberung Trojas und rühmte besonders die List[7] und die Kühnheit des Odysseus, der den Rat gegeben hatte, das hölzerne Pferd zu bauen, und dessen Entschlossenheit und Klugheit ebenso bedeutend waren wie sein Mut im Kampf.

Als Odysseus hörte, wie man ihn im Lied pries[8], konnte er nicht an sich halten. Die Tränen stürzten ihm aus den Augen, und er verbarg sein Gesicht in den Falten des Mantels.

Alkinoos bemerkte, wie bewegt der Fremde war. Er gebot dem Sänger Einhalt und sagte: „Wir alle bewundern deine Vortragskunst, aber es ist jemand hier im Saal, den deine Lieder traurig stimmen, also solltest du für diesmal lieber aufhören."

Odysseus trocknete seine Tränen und sagte: „Du missverstehst meine Traurigkeit, gütiger Gastfreund! Ich habe den Vortrag des Sängers sehr genossen, vor allem, da ich die Taten, von denen berichtet wird, zum Teil selbst vollbracht habe. Nein, was mich bewegt hat, ist, wie weit man mich kennt und rühmt. Ich will meinen Namen vor euch nicht weiter verbergen. Ihr sollt wissen, ich bin der Sohn des Fürsten Laertes aus Ithaka. Mein Name ist Odysseus."

1 Hermes: griechischer Gott
2 wie es jemandem geziemt: wie es für jemanden angemessen/passend ist
3 wohlgesetzt: mit gutem sprachlichen Ausdruck
4 Diskuswerfen: Sportart, bei der eine flache Scheibe geworfen wird
5 Gelage: reichliches gemeinsames Essen und Trinken
6 Heroen: Helden
7 List: Schlauheit/Gerissenheit
8 pries (*von* preisen): lobte

1 Fasse den Inhalt der Sage in eigenen Worten kurz zusammen. Schreibe in dein Heft.
In der Sage „Odysseus bei Alkinoos" geht es um ...

2 a) Unterstreiche im Text über Odysseus
- rot, was du über sein Aussehen (äußeres Erscheinungsbild) erfährst,
- gelb, was seine Handlungen oder sein Verhalten beschreibt,
- grün, was du über seine Lebensumstände erfährst,
- blau, was du zusätzlich über seine Eigenschaften erfährst.

b) Erstelle mithilfe deiner Markierungen im Text einen Steckbrief zu Odysseus. Ergänze Stichpunkte.

Aussehen (äußeres Erscheinungsbild): *edles Aussehen (Z. 11),* __________

____

____

Verhaltensweisen: *verhält sich zunächst unauffällig und vorsichtig (Z.   ),* __________

____

Lebensumstände: __________

____

____

Eigenschaften: __________

____

____

c) Verfasse mithilfe des Steckbriefes eine vollständige Beschreibung des Odysseus. Schreibe in dein Heft.

Checkliste	**Sagen untersuchen und eine Sagenfigur beschreiben**
Inhalt, Aufbau und Merkmale untersuchen	✓ Lies die Sage leise für dich und formuliere deinen ersten **Leseeindruck**. ✓ Fasse **den Inhalt** in eigenen Worten kurz zusammen. ✓ Gliedere den Text in sinnvolle **Abschnitte**. ✓ Untersuche, welche **Sagenmerkmale** der Text aufweist.
Sagenfiguren beschreiben	✓ Notiere Stichpunkte zu dem äußeren **Erscheinungsbild**, den **Verhaltensweisen**, den **Lebensumständen** und den **Eigenschaften** der Sagenfigur. ✓ Formuliere die Beschreibung. Belege deine Aussagen mit dem Text.

Gedichte untersuchen und gestalten

Heut singt der Salamanderchor *Robert Gernhardt*

x x́ x x́ x x́ x x́

Heut singt der Salamanderchor *a*
die allerschönsten Lieder. *b*
Doch da er gar nicht singen kann,
hallt es entsetzlich wider.

Rings um das Haus ist's warm und still,
drin schrein die Salamander.
Sie brüllen, lärmen, plärrn, krakeeln
und alle durcheinander.

Die Katze schaut ins Zimmer rein,
da wird's auf einmal leiser.
„Ich bitt' euch", sagt sie, „schreit nicht so!
Ihr seid ja schon ganz heiser!"

Die Katze geht. Es ist sehr still.
Man hört die Hummeln brummen.
Ein Kuckuck ruft. Fern bellt ein Hund.
Doch dann ertönt ein Summen.

Ein Summen erst, und dann ein Schrein –
das sind die Salamander.
Schon sind sie wieder voll in Fahrt
und brüllen durcheinander:

„Hier singt der Salamanderchor
die allerschönsten Lieder.
Auch wenn es manchem gar nicht passt:
Wir singen immer wieder!"

❶ Wie wirkt das Gedicht auf dich? Beschreibe in Stichpunkten.

2 Wie kommt diese Wirkung zustande? Begründe in Stichpunkten.

____

____

3 Was reimt sich in dem Gedicht?
Markiere die Reimwörter und ordne den gleichen Reimen den gleichen Kleinbuchstaben zu.

4 Bestimme das Metrum des Gedichts:
a) Sprich das Gedicht. Klatsche bei jeder betonten Silbe laut und bei jeder unbetonten Silbe leise.
b) Kennzeichne im Anschluss die betonten Silben mit einem x́ und die unbetonten Silben mit einem x.
c) Wie heißt dieses Metrum? Kreuze an:

☐ Jambus x x́ x x́ ☐ Trochäus x́ x x́ x

5 Einige Figuren in dem Gedicht verhalten sich wie Menschen.
a) Unterstreiche die Textstellen im Gedicht, an denen du das erkennst.
b) Benenne dieses sprachliche Bild. Informiere dich, wenn notwendig, in der Checkliste auf Seite 33.

Dieses sprachliche Bild wird als ______________________ *bezeichnet.*

6 Beschreibe das Gedicht, indem du die folgenden Sätze vervollständigst.

In dem Gedicht „Heut singt der Salamanderchor" von Robert Gernhardt geht es um
____
____.

Das Gedicht besteht aus ______________________
______________________ *. Das Reimschema lautet* ______________________.

Bei dem Metrum liegt ein ______________ *vor, zum Beispiel* ______________.

Das Gedicht wirkt auf mich ______________________,

weil ______________________________________
____
____.

Der Esel *nach Wilhelm Busch*

Es stand vor eines Hauses Tor | ein Esel mit gespitztem Ohr, der käute sich sein Bündel Heu gedankenvoll und still entzwei.

Nun kommen da und bleiben stehn der naseweisen Buben zween, die auch sogleich, indem sie lachen, verhasste Redensarten machen, womit man denn bezwecken wollte, dass sich der Esel ärgern sollte.

Doch dieser hocherfahrne Greis beschrieb nur einen halben Kreis, verhielt sich stumm und zeigte itzt die Seite, wo der Wedel sitzt.

1 In dem Gedicht fehlen die Verse.
Wie sieht das Gedicht im Original aus? Gehe folgendermaßen vor:
a) Unterstreiche zuerst alle Reimwörter und markiere das Versende durch einen senkrechten Strich. Achtung: Einige Silben klingen nicht gleich, sondern nur ähnlich.
b) Schreibe das Gedicht nun in deinem Heft in seiner Originalform auf. Beginne dabei den Anfang eines jeden Verses mit einem Großbuchstaben.
c) Wie nennt man dieses Reimschema? Informiere dich in der Checkliste auf Seite 33 und notiere es.

Dieses Reimschema nennt man ______________________________.

2 a) Sprich das Gedicht noch einmal. Klatsche bei jeder betonten Silbe laut und bei jeder unbetonten Silbe leise.
b) Kennzeichne im Anschluss die betonten Silben mit einem x́ und die unbetonten Silben mit einem x.
c) Wie heißt dieses Metrum? Informiere dich in der Checkliste auf Seite 33.

Dieses Metrum heißt ______________________________.

3 Beschreibe das Gedicht. Schreibe in dein Heft.
Das Gedicht „Der Esel" von Wilhelm Busch handelt von …
Es ist aufgebaut aus … und hat das Reimschema …
Das Metrum dieses Gedichts nennt man …

4 Stell dir vor, du wärst Augenzeuge der im Gedicht erzählten Geschichte geworden.
Schreibe darüber in deinem Heft eine Mail an eine Freundin / einen Freund. Beschreibe darin auch, wie du das Tun der Figuren und die Reaktion des Esels findest.
Liebe/r …, heute war ich Augenzeuge eines Vorfalls, von dem ich dir unbedingt erzählen möchte. …

ottos mops *Ernst Jandl*

ottos mops trotzt
otto: fort mops fort
ottos mops hopst fort
otto: soso

otto holt koks
otto holt obst
otto horcht
otto: mops mops
otto hofft

ottos mops klopft
otto: komm mops komm
ottos mops kommt
ottos mops kotzt
otto: ogottogott

1

2

3

4

❶ Was ist das Besondere an diesem Gedicht? Beschreibe

____

____

____

❷ Jandl erzählt mit seinem Gedicht eine Geschichte über Ottos Mops. Überlege, welche Verse du in einem Bild darstellen kannst, und zeichne drei weitere Bilder zu dem Gedicht.

❸ Schreibe ein ähnliches Gedicht wie Ernst Jandl. Folge dabei seinen Sprachspielen.
Annas Schaf lacht, Ingos Igel interessiert sich, Emils Esel erlebt, ...

Checkliste ✓	**Gedichte untersuchen**
Allgemeines	✓ Lies das Gedicht laut und überlege: Wie **wirkt** das Gedicht? Was ist **typisch** für ein Gedicht? Was **überrascht** dich?
Reim	✓ Untersuche, ob es einen Endreim gibt. Bestimme das Reimschema: – **Paarreim:** *aa bb* – **Kreuzreim:** *ab ab* – **umarmender Reim:** *ab ba*
Metrum	✓ Sprich das Gedicht laut und klatsche bei den **betonten Silben** laut und bei den **unbetonten Silben** leise. Bestimme das Reimschema: – **Jambus:** x x́ x x́ – **Trochäus:** x́ x x́ x
Sprachliche Bilder	✓ **Personifikation:** Dinge werden wie Menschen dargestellt. ✓ **Vergleich:** Durch das Verdeutlichen von Gemeinsamkeiten wird etwas anschaulicher. ✓ **Metapher:** Ein Wort wird im übertragenen Sinn gebraucht. Im Unterschied zum Vergleich fehlt das Vergleichswort *wie*.

Abenteuer Forschung

Sachtexte erschließen

Material 1 **Alexander Gerst – ein deutscher Astronaut**

Alexander Gerst war der elfte deutsche Astronaut im Weltall, als er 2014 ein halbes Jahr auf der Internationalen Raumstation (ISS) arbeitete. Zusammen mit fünf anderen Weltraumfahrern führte er auf der ISS zum Beispiel Reparaturen und Forschungsexperimente durch.

Geburtsdatum/-ort	3. Mai 1976 in Künzelsau (Baden-Württemberg)
Ausbildung	– Abitur, Zivildienst beim Roten Kreuz – Weltreise, zum Beispiel zu den Vulkanen Neuseelands – Studium: Geophysik in Karlsruhe, Geowissenschaften in Wellington (Neuseeland) – Sommerstipendium des Deutschen Zentrums für Luft- und Raumfahrt (DLR) – Doktorarbeit, Expeditionen (Antarktis), Zusammenleben mit Forschern auf engstem Raum
Hobbys	z. B. Tauchen, Laufen, Klettern, Bergwandern, Fallschirmspringen, Fechten, Fotografie

Material 2 **„Wir Astronauten sind Entdecker"**

Vor seinem Start in den Weltraum wurde Alexander Gerst in einem Interview gefragt:

Bevor Sie als Astronaut ausgewählt wurden, haben Sie als Geophysiker und Vulkanforscher unsere Erde – und vor allem die Phänomene im Erdinneren – genau untersucht. Auf Ihrer Mission *Blue Dot* werden Sie unseren Heimatplaneten aus einem ganz anderen Blickwinkel betrachten. Was reizt Sie am meisten daran?

Gerst: Die Reise in den Weltraum ist für mich ein Trip ins Unbekannte. Astronauten sind Entdecker und stehen auf den Schultern von Columbus, Magellan und Cook[1]. Uns treibt die Neugier an. Der Mensch hat immer neue Kontinente und Inseln erforscht, sich immer einen Schritt weiter in neue Lebensräume gewagt und die Welt aus einem anderen Blickwinkel betrachtet. Genau das machen wir Astronauten auch. Wir verlassen unsere Erde, um sie aus einer anderen, grandiosen Perspektive zu sehen.

Doch das können wir erst seit 50 Jahren – einem Wimpernschlag in der Geschichte. Die Raumfahrt bietet uns seitdem die großartige Möglichkeit, unsere Erde mit anderen Augen zu sehen und wissenschaftliche Entdeckungen zu machen, die uns sonst verborgen geblieben wären.

Genau deswegen ist mein Job als Astronaut die Erweiterung von dem, was ich vorher als Geophysiker gemacht habe. Vorher habe ich mich um das Erdinnere gekümmert. Was ist dort in der Tiefe los? Wie können wir Menschen unsere Erde besser verstehen und uns dadurch wirksamer vor Naturkatastrophen wie Erdbeben oder Vulkanausbrüchen schützen?

Jetzt werde ich unseren Heimatplaneten verlassen, um unsere Umgebung im All zu erforschen, die uns ja tatsächlich auch gefährlich werden kann. Asteroiden und Sonnenstürme sind Bedrohungen, die wir verstehen müssen, um uns davor zu schützen. […]

1 Columbus, Magellan und Cook: berühmte Seefahrer und Entdecker

Strategie: Sich einen Überblick verschaffen

1 Lies die Informationen zu Alexander Gerst (Material 1). Aufgrund welcher Informationen würdest du ihn für einen Weltraumflug auswählen? Unterstreiche sie in der Tabelle und begründe. Schreibe in dein Heft.
Ich würde Alexander Gerst aufgrund seines Hobbys Tauchen auswählen, weil ...

2 Lies den Text auf Seite 34 (Material 2) einmal zügig durch. Worum geht es hier? Kreuze an.
In dem Text geht es darum, ...
- ☐ dass Astronauten sich auf die Suche nach außerirdischem Leben machen.
- ☐ dass Astronauten wie Entdecker die Erde erforschen.
- ☐ dass Astronauten ein neues Raumschiff testen.

Strategie: Informationen in Texten markieren

3 Unterstreiche im Text (Material 2) alle Informationen, die dir helfen, folgende Fragen zu beantworten.
Verwende drei unterschiedliche Farben:
blau: Was haben Astronauten mit Entdeckern gemeinsam?
grün: Welche Möglichkeiten bietet die Raumfahrt dem Menschen?
rot: Womit beschäftigt sich ein Geophysiker?

Strategie: Einen Text gliedern

4 a) Welche Überschrift erfasst den Inhalt des zweiten Absatzes (Material 2, Z. 5–9) am besten? Kreuze an.
b) Formuliere zu jedem weiteren Absatz eine passende Überschrift.

Absatz	Überschrift
Absatz 2 Z. 5–9	☐ Ein anderer Blick auf die Erde ☐ Reise in den Weltraum ☐ Astronauten als Entdecker
Absatz 3 Z. 10–12	
Absatz 4 Z. 13–16	
Absatz 5 Z. 17–19	

Strategie: Schwierige und unbekannte Begriffe klären

5 Ordne den folgenden Begriffen aus dem Text (Material 2) passende Erklärungen aus dem Wortspeicher zu.
Trage die entsprechenden Buchstaben in die Kästchen ein.
Achtung: Zwei Erklärungen passen zu keinem der Begriffe.

☐ Geophysiker
☐ Phänomen
☐ grandios
☐ Perspektive
☐ Asteroid

A großartig • B Wissenschaftler, der sich mit der Raumfahrt beschäftigt • C seltsam • D Wissenschaftler, der sich mit der Erde beschäftigt • E kleiner Himmelskörper/Planet • F Naturerscheinung wie z. B. Anzeichen für einen Vulkanausbruch • G Sicht, Blickwinkel

Material 3 **Alex goes space** *Sophie Haffner*

Geforscht wird auf der ISS nicht nach neuen Planeten oder Außerirdischen – die Forschung auf der Raumstation soll ganz praktische Ergebnisse liefern, die uns hier auf der Erde nützen. Aufgrund der Schwerelosigkeit sind auf der ISS Versuche möglich, die auf der Erde nicht durchgeführt werden können. Das ist für viele Disziplinen interessant, z. B. für die Medizin. Denn in der Schwerelosigkeit kommt es bei den Astronauten zu Problemen mit dem Immunsystem, dem Kreislauf und den Knochen. Ärzte können so die Entstehung von Krankheitssymptomen gezielt an den Astronauten studieren. Und genauso untersuchen sie das Verschwinden dieser Krankheitssymptome, nachdem die Astronauten wieder auf der Erde gelandet sind. Auch für die Biologie ist die Forschung sehr spannend. Da will man etwa herausfinden, woher Pflanzen überhaupt „wissen", in welche Richtung sie wachsen müssen. Für die Entwicklung von High-Tech-Materialien sind die Forschungsbedingungen auf der ISS ebenfalls ideal. Hier beobachtet man, wie sich flüssige Metalle vermischen und wie sie wieder erstarren – ohne dass die Schwerkraft dabei stört. Auf der Erde kann man mit diesem Wissen dann die Herstellung vieler Materialien verbessern. Wenn Alexander Gerst ab Mai 2014 für sechs Monate auf der ISS forscht und lebt, gehören viele Versuche aus den unterschiedlichsten Bereichen zu seinem Alltag. Er wird etwa 40 Experimente durchführen. Ein ganz schönes Arbeitspensum!

Strategie: Sich einen Überblick verschaffen

1 Lies den Text (Material 3) einmal zügig durch und formuliere selbst: Um welches Thema geht es?

In dem Text „Alex goes space" geht es um ______________________

____

Strategie: Informationen in Texten markieren

2 Unterstreiche alle Informationen im Text, die dir helfen, folgende Fragen zu beantworten.
Verwende drei unterschiedliche Farben:
blau: Warum ist die ISS für bestimmte Versuche besonders geeignet?
grün: Zu welchen Bereichen wird auf der ISS geforscht?
rot: Was sind Alexander Gersts Aufgaben auf der ISS?

Strategie: Einen Text gliedern

3 a) Gliedere den Text „Alex goes space" in drei Sinnabschnitte. Trage die Zeilenangaben in die Tabelle ein.
b) Formuliere zu jedem Abschnitt eine passende Überschrift.

Abschnitt/ Zeilenangabe	Überschrift
Abschnitt 1 Z. 1–	
Abschnitt 2 Z. –	
Abschnitt 3 Z. –	

Strategie: Schwierige und unbekannte Begriffe klären

4 Erkläre die folgenden Begriffe aus dem Textzusammenhang. Schlage in einem Fremdwörterlexikon nach, wenn du unsicher bist.

Disziplin (Z.   ): ______________________

Immunsystem (Z.   ): ______________________

(Krankheits-)Symptome (Z.   ): ______________________

Arbeitspensum (Z.   ): ______________________

Strategie: Texte in eine andere Darstellungsform übertragen

5 Übertrage die Mindmap in dein Heft und vervollständige sie mit Stichpunkten zu Alexander Gersts Weltraummission. Verwende deine Arbeitsergebnisse von den Seiten 34–37.

Checkliste	**Sachtexte erschließen**
Strategie: Sich einen Überblick verschaffen	✓ Lies den Text einmal durch und kläre, worum es geht.
Strategie: Informationen in Texten markieren	✓ Überlege, welche Informationen du benötigst. ✓ Markiere alle Textstellen, die dir diese Informationen geben.
Strategie: Einen Text gliedern	✓ Unterteile den Text in Abschnitte, die sich inhaltlich unterscheiden (Sinnabschnitte). ✓ Formuliere für jeden Abschnitt eine Überschrift.
Strategie: Schwierige und unbekannte Begriffe klären	✓ Versuche, schwierige und unbekannte Begriffe aus dem Zusammenhang zu erschließen. ✓ Schlage in einem Wörterbuch nach, falls notwendig.
Strategie: Texte in eine andere Darstellungsform übertragen	✓ Stelle die Informationen des Textes/der Texte übersichtlich dar, z. B. in einer Liste oder einer Mindmap.

Sprache erforschen

Wortarten wiederholen

1 a) Sortiere die fett gedruckten Wörter in richtiger Groß- und Kleinschreibung in die Tabelle ein.
b) Ergänze für jede Wortart ein weiteres Beispiel aus dem Text.

KINDER ERFORSCHEN IHRE (UM-)WELT

WIE **FUNKTIONIERT EIN** ROBOTER? **ICH** HABE SPANNENDE **IDEEN** FÜR **TECHNISCHE ERFINDUNGEN** – WO KANN ICH **SIE** VORSTELLEN? WIE **SCHÜTZT** MAN **DIE** UMWELT? WO FINDE ICH DIE **INTERESSANTESTEN** BÜCHER? WIE HABEN MEINE GROSSELTERN ALS KINDER GELEBT?
WENN DU DICH FÜR SOLCHE ODER **ÄHNLICHE** FRAGEN **INTERESSIERST**, **GEHÖRST** DU VIELLEICHT ZU **DEN NEUGIERIGEREN** SCHÜLERINNEN UND SCHÜLERN, ZU DENEN, DIE MEHR ODER ANDERES WISSEN WOLLEN, ALS **DIE** SCHULE **IHNEN BEIBRINGT**.
DAFÜR GIBT ES **ZAHLREICHE MÖGLICHKEITEN**. SO BIETEN ZUM BEISPIEL VIELE UNIVERSITÄTEN **EINE** „KINDER-UNI" AN: WISSENSCHAFTLER ERKLÄREN **WISSBEGIERIGEN** KINDERN IHRE FORSCHUNG. **DU** KANNST NATÜRLICH AUCH SELBST ZU **EINEM FORSCHER** WERDEN.

Nomen	Artikel	Adjektiv	Personal-pronomen	Verb
Kinder	ein	technische	ich	erforschen

2 Umkreise im folgenden Text alle Nomen und ihre Begleitwörter, wenn vorhanden.
Unterstreiche die Adjektive blau und die Artikel grün.

Achtung Fehler!

Welche Bücher sind die besten?

Der deutsche jugendliteraturpreis wird jährlich für die besten kinder- und jugendbücher vergeben.
Da man nicht so gut ein bilderbuch für jüngere kinder mit einem roman für jugendliche vergleichen kann, gibt es preise in verschiedenen kategorien.
Eine jury, die aus erfahrenen journalisten, buchhändlern und literaturwissenschaftlern besteht, vergibt die auszeichnungen.

3 Mit Adjektiven kann man Eigenschaften angeben. Unterstreiche im folgenden Text alle Adjektive.

In einer wöchentlichen Lese-AG können lesebegeisterte Schülerinnen und Schüler sich mit neuen Büchern beschäftigen. Die AG der Bergschule St. Elisabeth gibt ihre Erfahrungen sogar in einem ausführlichen Blog an alle interessierten Leseratten weiter. Die Buchbesprechungen, die man im Internet unter dem Titel „Elisabeth liest" findet, sind leicht verständlich.

4 a) Mit Adjektiven kann man vergleichen, indem man sie steigert. Unterstreiche in den folgenden Sätzen die Adjektive und bestimme die Steigerungsstufe (Positiv, Komparativ, Superlativ).

A An Julians Schule werden interessante (Positiv) AGs angeboten. Julian findet die Lese-AG am interessantesten (__________). Lisa dagegen ist der Meinung, dass die Theater-AG interessanter (__________) ist als die Lese-AG.

B Für eine Buchvorstellung sollen wir das Buch auswählen, das wir am besten (__________) finden. Marie stellt ein informatives (__________) Buch über Roboter vor. Sie findet, dass es schwieriger (__________) ist als die Sachbücher, die sie bisher gelesen hat. Weil sie sich aber für wissenschaftliche (__________) Themen interessiert, liest sie solche Bücher mit größter (__________) Begeisterung.

b) In einer Lese-AG wird diskutiert, welches Buch man als nächstes lesen könnte. Setze passende Adjektive aus dem Wortspeicher im Positiv, Komparativ oder Superlativ in die Lücken ein.

anspruchsvoll · beeindruckend · einfach · geheimnisvoll · informativ · langatmig · lustig · originell · packend · spannend · umfangreich · unterhaltsam · witzig

Linus: Ich bin für das Buch „Ritter und Burgen", weil es __________ ist als die anderen.

Emma: Lasst uns lieber „Das Schattengeheimnis" lesen. Es ist wirklich sehr __________.

Jan: Ich finde „Jacks Tagebuch" __________. Die anderen Bücher sind viel __________.

c) Schreibe in dein Heft drei weitere Diskussionsbeiträge, in denen Teilnehmer/-innen der Lese-AG für ein Lieblingsbuch argumentieren. Verwende Adjektive in verschiedenen Steigerungsstufen.

Personal- und Zeitformen der Verben

1 Verben sind veränderbar. Man kann sie konjugieren und in verschiedenen Tempusformen verwenden. Ordne die Verbformen richtig in die Tabelle ein. Ergänze zu jedem Verb die jeweils fehlenden Formen.

lesen · geschrieben · lag · ging · verstehst

Infinitiv	Präsens	Präteritum	Partizip II
lesen	du liest	sie las	gelesen

2 a) Schreibe die folgenden Sätze für alle Personen auf. Bestimme die Tempusformen.

Zeitform: ____________________

Ich lese auf dem Baum. | Wir ____________________

Du ____________________ | Ihr ____________________

Er/Sie ____________________ | Sie ____________________

Zeitform: ____________________

Ich lag beim Lesen auf der Wiese. | Wir ____________________

Du ____________________ | Ihr ____________________

Er/Sie ____________________ | Sie ____________________

b) Und wie hast du gelesen? Wie wirst du lesen? Formuliere jeweils einen Satz und bestimme die Zeitform.
c) Schreibe die Sätze für alle weiteren Personen in dein Heft.

Zeitform: ____________________

Ich habe ____________________

Zeitform: ____________________

Ich werde ____________________

3 Ist etwas vor dem passiert, von dem in der Vergangenheit (im Präteritum oder im Perfekt) gesprochen wird, verwendet man das Plusquamperfekt, z. B.:
Ich habe mich über die „Kinder-Uni" informiert (Perfekt), weil ich schon davon *gehört hatte* (Plusquamperfekt).
Entscheide bei den Verben in Klammern, ob du das Perfekt oder das Plusquamperfekt einsetzen musst.

Kinder an der Uni

Viele Universitäten in Deutschland haben bereits vor einigen Jahren eine sogenannte „Kinder-Uni" eingeführt (einführen). Hier gehen Kinder in Vorlesungen. Einige berichten von ihren Erfahrungen:

Jenny (8): Ich war die jüngste Teilnehmerin, aber ich ____________ alles ______________ (verstehen).

Finn, Jennys Bruder (12): Dabei ____________ du dir das vorher gar nicht ______________ (zutrauen).

Nora (11): Der Professor ____________ alles sehr gut verständlich und außerdem sehr lustig ____________ (erklären). Er ____________ sich bestimmt gut ________________ (vorbereiten).

Jonas und Patrick (beide 10): Wir ________________ letztes Semester in jede Vorlesung ______________ (gehen), weil unsere Klassenlehrerin uns kurz vor Semesterbeginn von der „Kinder-Uni" ________________________ (erzählen).

4 a) Unterstreiche jeweils im ersten Teilsatz die Verbformen und notiere das Tempus in Klammern.
b) Vervollständige jeweils den zweiten Teilsatz mithilfe der Stichpunkte am Rand.
Formuliere im Plusquamperfekt, was vorher passierte, und im Präteritum, was danach geschah.

An der Uni Göttingen dürfen auch die Kinder selbst ein Thema für die „Kinder-Uni" vorschlagen.

A Nachdem Lena und Dennis aus der 6c davon erfahren hatten (Plusquamperfekt), wollten sie selbst einen Vortrag über ihr Lieblingsthema halten. — wollen

B Bevor sie sich für die KiK-Vorlesung anmeldeten (______________________), ____. — viele Ideen sammeln

C Als sie schließlich vor ihrem Publikum standen (______________________), ____. — Vortrag schon mehrmals üben

D Viele Mitschüler, die zur Vorlesung gekommen waren (______________________), ____. — während des Vortrags die Daumen drücken

E Hinterher freuten (__________________) sich beide, dass alles ________________ ______________________________. — gut laufen

Mit dem Passiv die Sicht auf eine Handlung verändern

1 a) Vergleiche den folgenden Aktivsatz mit dem Passivsatz. Ergänze die Regel:

Aktiv: Das Lise-Meitner-Gymnasium fördert naturwissenschaftliche Fächer.

Passiv: Naturwissenschaftliche Fächer werden vom (von dem) Lise-Meitner-Gymnasium gefördert.

Formt man einen ______________________ in einen ______________________ um,

so ____

____

b) Forme diese Aktivsätze wie oben im Beispiel ins Passiv um.

Die Schüler/-innen führen Forschungsprojekte durch.

____

Die Schüler/-innen stellen die Ergebnisse vor.

____

Ein Reporter befragt eine Schülerin zu ihrem Projekt.

____

In einem ausführlichen Artikel beschreibt der Journalist die Ergebnisse der Nachwuchsforscher.

____

____

2 Unterstreiche im folgenden Text die Aktivformen rot und die Passivformen blau.

Schülerinnen und Schüler als Nachwuchsforscher

Die zwölfjährige Alisa und ihre Freunde Paul und Leon interessieren sich besonders für Technik. Daher wissen sie, dass Roboter mittlerweile für viele Aufgaben eingesetzt werden. Nun beginnen sie ein eigenes Forschungsprojekt: Sie entwickeln einen Roboter, der zum Müllsammeln auf dem Schulhof benutzt wird. Der Hof wird nämlich in jeder Pause von den Schülerinnen und Schülern verschmutzt. Alisa findet heraus, dass junge Forscherinnen und Forscher in ihrem Alter an dem Wettbewerb *Schüler experimentieren* teilnehmen. Die Teilnahmebedingungen werden auf der Internetseite von *Jugend forscht* veröffentlicht.

3 Mit dem Passiv kann man sowohl Vorgänge (Vorgangspassiv) als auch Zustände (Zustandspassiv) beschreiben, z. B.:
Wir werden über die Ergebnisse informiert (Vorgang). *Wir sind über die Ergebnisse informiert* (Zustand).
a) Unterstreiche in den folgenden Sätzen die Passivformen.
b) Bestimme, ob das Vorgangspassiv (V) oder das Zustandspassiv (Z) verwendet wurde.

A In der Schülerzeitung wird über den Wettbewerb berichtet. (____)

B Auch von Schülern unserer Schule werden Projekte durchgeführt. (____)

C Von Alisa, Paul und Leon wird ein Roboter entwickelt. (____)

D Sie sind noch nicht für den Wettbewerb angemeldet. (____)

E Sie werden darüber berichten, wenn das Projekt abgeschlossen ist. (____)

4 Wie wird das Vorgangspassiv gebildet und wie das Zustandspassiv? Formuliere eine Regel.

Das Vorgangspassiv wird mit einer konjugierten Form von ________________ *und*
________________ *des Verbs gebildet.*

Das Zustandspassiv wird mit einer konjugierten Form von ________________ *und*
________________ *des Verbs gebildet.*

5 a) Formuliere die folgenden Sätze in das Vorgangspassiv um.

Für die Versuche im Physikraum sind bestimmte Regeln festgelegt.

Für die Versuche im Physikraum werden ________________

Die Geräte, die Alisa, Paul und Leon benutzen, sind danach wieder aufgeräumt.

____

____

b) Formuliere die folgenden Sätze in das Zustandspassiv um.

Das Licht wird im Anschluss wieder ausgeschaltet.

____

Die Türen werden dann alle abgeschlossen.

____

Mit Adverbien genaue Angaben machen

1 Adverb oder Adjektiv? Sortiere die unterstrichenen Wörter aus dem Text nach ihrer Wortart.
Tipp: Überprüfe, ob die Wörter sich im Text verändern oder ob sie sich steigern lassen.
Adjektive sind veränderlich. Adverbien sind dagegen nicht veränderlich.

Ein Großvater erzählt: „Früher war es üblich, dass man in großen Familien aufwuchs. Heute dagegen leben die Menschen meistens in kleinen Familien zusammen. Die Großeltern wohnen manchmal in einer Stadt, die weiter entfernt ist. Ich sehe meine noch jungen Enkelkinder leider selten, vielleicht dreimal im Jahr. In den langen Sommerferien kommen sie immer zu Besuch."

Adverbien: ________________________________

____

Adjektive: ________________________________

2 a) Bestimme, ob die Wörter im Wortspeicher Adjektive oder Adverbien sind.
Markiere die Adjektive blau und die Adverbien rot.

glücklicherweise · spannend · lustig · meistens · sogar · schnell · damals · alt · neu · oft · schon

b) Schreibe fünf Sätze über den Beginn deiner Grundschulzeit in dein Heft. Verwende dabei passende Adverbien und unterstreiche diese. Du kannst auch die Adverbien aus dem Wortspeicher verwenden.

Ich konnte damals noch nicht lesen, deshalb ...

3 Für ein Geschichtsprojekt haben Schüler/-innen ihre (Ur-)Großeltern über deren Kindheit befragt.
Mithilfe von Adverbien machen sie genaue Angaben. Unterstreiche in den Aussagen alle Adverbien.

A „Wir hatten einen besonders weiten Schulweg, weil wir auf dem Land wohnten. Da dort kein Bus fuhr, sind wir immer gelaufen, das hat oft länger als eine Stunde gedauert. Daher mussten wir früh aufstehen. Das fällt mir ein, wenn ich hier vorbeikomme und sehe, wie die Kinder heute zur Schule gefahren werden."

B „Spielplätze wie diesen dort gab es nicht. Der Hof hinten oder die Straße vorne boten zum Beispiel Platz zum Spielen. Es fuhren kaum Autos, deshalb war es ungefährlich."

C „Als Kinder haben wir unsere Mutter gern zum Einkaufen begleitet. Solche kleinen ‚Tante-Emma-Läden', die damals überall zu finden waren, sind leider selten geworden."

Mit Pronomen Bezüge im Satz herstellen

1 a) Ergänze im folgenden Text passende Demonstrativpronomen aus dem Wortspeicher in der richtigen Form.
b) Unterstreiche die Textstellen, auf die sich die Demonstrativpronomen beziehen.

der/die/das · dieser/diese/dieses · jener/jene/jenes

Heute ist ein besonderer Tag für diese Schule. Die Teilnehmer des Wettbewerbs zur Neugestaltung unseres Schulhofs werden ihre Ergebnisse vorstellen. Auf ____________ bin ich schon sehr gespannt. Ich freue mich, dass so viele Klassen an ____________ Wettbewerb teilgenommen haben. ____________ Einsatz verdient große Anerkennung. Viele Modelle sind entstanden. ____________ hier zeigt zum Beispiel, wie der Sportbereich gestaltet werden könnte. ____________ dort zeigt die Einrichtung eines Freiluftklassenzimmers. Eine Jury begutachtet ____________ Entwürfe nun. Die Aufgabe der Jury ist es, unter den Modellen ____________ auszuwählen, welches kreativ, aber auch gut umsetzbar ist.

2 a) *Der/die/das* kennst du als bestimmten Artikel, der ein Nomen begleitet. *Der/die/das* kann aber auch als Demonstrativpronomen verwendet werden und ein Nomen ersetzen. Setze die richtige Form in die Lücken ein.
b) Notiere in Klammern, ob *der/die/das* als Artikel (A) oder als Demonstrativpronomen (D) verwendet wird.

A „Die (A) Klasse 6 d möchte ________ (________) alten Fußballplatz durch ein Schwimmbad ersetzen. ________ (________) ist eine tolle Idee – aber leider viel zu teuer."

B „Unseren jüngeren Schülern würde ________ (________) Spielplatz bestimmt gut gefallen. Auf ________ (________) kann man in ________ (________) Pausen richtig schön klettern!"

C „Haben ________ (________) Lehrer eigentlich auch Vorschläge eingereicht?" „Nein, ________ (________) durften uns Schüler nur beraten. ________ (________) finde ich auch in Ordnung."

3 Notiere in Klammern, ob es sich um ein Personalpronomen (Pers.) oder Possessivpronomen (Poss.) handelt.

Jona und Lennart über die Arbeit ihrer (Poss.) Klasse: Wir (__________) haben zunächst Ideen gesammelt. Jeder hatte seine (__________) Aufgabe. Eine Schülerin hat sich z. B. über Spielgeräte für jüngere Schüler informiert und ihre (__________) Ergebnisse zusammengefasst. Andere haben ihre (__________) Mitschüler gefragt: „Wie stellt ihr euch den neuen Sportbereich vor, der uns (__________) von der Schulleitung versprochen wurde?" Über den ersten Platz würde sich unsere (__________) Klasse sehr freuen.

Mit Präpositionen Verhältnisse angeben

1 a) Präpositionen, z. B. *seit, für, mit, auf, aus,* verlangen immer einen bestimmten Kasus (Fall). Schreibe die Wortgruppen aus dem Wortspeicher im richtigen Kasus in die Lücken.
b) Notiere in Klammern, ob du den Akkusativ (*Wen oder was?*) oder den Dativ (*Wem?*) gebildet hast.

die Projektwoche • das letzte Jahr • ein Bild • die Gestaltung • die Vorhänge • die Fenster

Eine Schulklasse sammelt Ideen für die Neugestaltung ihres Klassenraumes.

Carla: Wir könnten die hintere Wand **mit** einem Bild (Dativ) verschönern.

Das haben wir schon **seit** ______________ (______________) geplant.

Simon: **Für** ______________ (______________) brauchen wir neue Vorhänge.

Ohne ______________ (______________) könnte die Sonne manchmal stören.

Johann: **Aus** ______________ (______________) haben wir noch Präsentationsplakate.

Die wären gut **für** ______________ (______________) der Seitenwände.

2 Einige Präpositionen können – je nach Zusammenhang – verschiedene Kasus verlangen (Wechselpräpositionen). Ihnen folgt der Dativ, wenn sie einen Ort angeben *(Wo?)*, und der Akkusativ, wenn sie eine Richtung angeben *(Wohin?)*.
a) Schreibe die Wortgruppen aus dem Wortspeicher im richtigen Kasus in die Lücken.
b) Bestimme jeweils, ob es sich um den Dativ (D) oder den Akkusativ (A) handelt.
Nutze die Frageprobe (*Wo?* ⟶ Dativ, *Wohin?* ⟶ Akkusativ).

das Waschbecken • die Tafel (2 x) • die Tür • der Schrank • die Ecke

A Neben die Tafel (________) hängen wir die Plakate.

B Brauchen wir den Schrank neben ______________ (________) noch?

C Ja, leider. Wir bewahren doch die Wörterbücher in ______________ (________) auf.

D Den Papierkorb können wir auch in ______________ (________) stellen.

E Die Uhr kann über ______________ (________) hängen bleiben.

F Oder sollen wir die Uhr lieber über ______________ (________) hängen?

3 Wer macht was? Formuliere fünf Sätze über die Aufräum- und Renovierungsarbeiten. Verwende Stichpunkte aus dem Wortspeicher und passende Präpositionen. Schreibe in dein Heft.
Moritz und Laura werfen die alten Vorhänge in den Müll.

alte Vorhänge / Müll werfen • Tische / Flur tragen • Wände / weiße Farbe streichen • Material / Malerarbeiten mitbringen • Dschungelbild / hintere Wand malen • hässlicher Schrank / bunte Folie bekleben

Teste dich ! **Wortarten unterscheiden und Formen des Verbs richtig verwenden**

1 Welche Wortart wird jeweils beschrieben? Trage die Wortart in die rechte Spalte ein.

A Ich gehöre zu den unveränderlichen Wortarten und informiere über die genaueren Umstände einer Handlung oder eines Vorgangs.	
B Ich gehöre zu den unveränderlichen Wortarten. Ich kann Beziehungen zwischen Wörtern ausdrücken.	
C Ich gehöre zu den veränderlichen Wortarten und weise auf eine Person oder Sache deutlich hin. Ich kann ein Nomen ersetzen oder es begleiten.	

2 Bestimme die Wortarten der fett gedruckten Wörter: Nomen, Artikel, Adjektiv, Verb, Adverb, Demonstrativpronomen, Personalpronomen, Possessivpronomen, Präposition. Schreibe in dein Heft.

die (Artikel), immer (...), ...

„Die unglaublichen Abenteuer des Barnaby Brocket“ von John Boyne

Die Familie Brocket hat sich **immer** ganz **gewöhnlich** verhalten. **Mutter**, Vater, **ein** Sohn, Henry, und **seine** drei Jahre jüngere Schwester Melanie. **Dieser** Zustand ändert sich, als das **jüngste** Kind, Barnaby, geboren wird. Barnaby verhält sich seit seiner Geburt **äußerst** ungewöhnlich, denn wenn man **ihn** loslässt, **schwebt** er **an** die Decke.

3 Setze die Verben in Klammern in der richtigen Tempusform (Präsens, Perfekt, Präteritum, Plusquamperfekt oder Futur) ein.

Der Roman des irischen Autors ____________________ (erscheinen) 2013 in deutscher Übersetzung, nachdem 2012 bereits die Originalfassung ein großer Erfolg ____________________ (sein). Auch viele Jugendliche in Deutschland ____________________ den Roman mit großem Vergnügen ____________________ (lesen). Jannik: „Ich kann sagen, dass mir das Ende des Romans besonders gut ____________________ (gefallen). Aber ich ____________________ (verraten) es jetzt natürlich nicht, weil du den Roman vielleicht auch bald ____________________ (lesen)!“

4 Forme die folgenden Aktivsätze ins Passiv um.

A Martin stellt diesen Roman im Unterricht vor.

____

B Anschließend beurteilen alle gemeinsam Martins Vortrag.

____

____

Der Satz und seine Gliederung

Die Kinderrechtskonvention[1]

(1) **Im Jahr 1979 wurde auf der ganzen Welt das „Jahr des Kindes“ gefeiert.** Es wurde der Vorschlag gemacht, eine Rechtssammlung für Kinder zu verfassen. (2) **Die verschiedenen Länder verhandelten zehn Jahre.** (3) **Die meisten Länder haben bis jetzt dieser Rechtssammlung zugestimmt.** (4) **In Deutschland hat der Bundestag am 5. April 1992 die Gültigkeit dieser Rechte beschlossen.**

1 die (Kinderrechts-)Konvention: eine Sammlung von Rechten (in diesem Fall der Kinderrechte)

1 Trage die fett gedruckten Sätze aus dem Text wie im Beispiel in das Feldermodell des Satzes ein.

Satzklammer

Vorfeld	Linke Satzklammer: finiter Prädikatsteil	Mittelfeld	Rechte Satzklammer: 2. Teil des Prädikats
(1) Im Jahr 1979	wurde	auf der ganzen Welt das „Jahr des Kindes“	gefeiert.
(2)			
(3)			
(4)			

2 Die Teile eines Satzes, die bei einer Umstellung im Satz zusammenbleiben und die man ins Vorfeld verschieben kann, sind Satzglieder.
Ermittle mithilfe der Umstellprobe in den Sätzen (1) bis (4) die Satzglieder. Schreibe in dein Heft und markiere die Satzglieder in unterschiedlichen Farben.

(1) Im Jahr 1979 wurde auf der ganzen Welt das „Jahr des Kindes“ gefeiert.
Auf der ganzen Welt wurde im Jahr 1979 das „Jahr des Kindes“ gefeiert. ...

3 Bestimme die Satzglieder mithilfe der Frageprobe (Subjekt: *Wer oder was?*, Dativobjekt: *Wem?*, Akkusativobjekt: *Wen oder was?*, adverbiale Bestimmungen: z. B. *Wo?*, *Wann?* / *Wie lange?*, *Warum?*).

Was wurde auf der ganzen Welt gefeiert? ⟶ das „Jahr des Kindes“ (Subjekt)
Wo wurde das „Jahr des Kindes“ gefeiert? ⟶ ...

Satzglieder und Satzgliedteile

Die Objekte

1 Einige Verben binden mehrere Objekte an sich, andere Verben stehen nur mit einem bestimmten Objekt. Bestimmte Verben im Deutschen erfordern eine Präposition, z. B.:
Viele Länder streiten um die Umsetzung der Kinderrechte.

a) Formuliere mithilfe der Verben im Wortspeicher Sätze und unterstreiche die Objekte. Schreibe in dein Heft.
Ich schütze die Rechte der Kinder.
Ich informiere mich über die Kinderrechte.

schützen · sich informieren · wählen · abstimmen · erklären · überreichen · teilnehmen · leben · lernen · ansprechen · nachdenken · bekommen · helfen · vertrauen · anklagen · schenken · brauchen · verdanken · sagen · stehen · warten

b) Sortiere mithilfe deiner Beispielsätze aus Aufgabe a) die Verben aus dem Wortspeicher danach in die Tabelle ein, wie viele und welche Art von Objekten sie an sich binden können. Nutze die Frageprobe.
Wen oder was schütze ich?

Kein Objekt	Ein Akkusativobjekt	Ein Dativobjekt	Ein Akkusativobjekt und ein Dativobjekt	Ein Präpositionalobjekt
	schützen			*sich informieren über*

Satzreihe und Satzgefüge

1 a) Unterstreiche im Text alle finiten Verbformen.
b) Markiere Haupt- und Nebensätze mit unterschiedlichen Farben.
Tipp: Im Hauptsatz steht die finite Verbform an der zweiten Satzgliedstelle (Verb-Zweitsatz), im Nebensatz am Ende (Verb-Letztsatz).

A Die Kinderrechte dienen dem Schutz der Kinder, sie gelten fast überall.

B Kinder haben entsprechend Artikel 24 das Recht, dass sie gesund aufwachsen.

C Weil Lernen wichtig ist, haben Kinder ein „Recht auf Bildung" (Artikel 28).

D In vielen Ländern sind Kinder schulpflichtig, damit sie bessere Chancen im Leben haben.

E Kinder haben ein Recht „auf Ruhe und Freizeit" (Artikel 31), denn sie brauchen auch Zeit zum Ausruhen.

2 a) Mit unterordnenden Konjunktionen (Subjunktionen) kann man Haupt- und Nebensätze verbinden.
Mit nebenordnenden Konjunktionen verknüpft man Hauptsätze.
Umkreise in den Sätzen oben die Konjunktionen und ordne sie in die Tabelle ein.
b) Ergänze in der Tabelle jeweils zwei weitere nebenordnende und unterordnende Konjunktionen.
Bilde in deinem Heft mit diesen Konjunktionen Beispielsätze.

Nebenordnende Konjunktionen	Unterordnende Konjunktionen (Subjunktionen)
	dass,

c) Eine Satzreihe besteht aus zwei verknüpften Hauptsätzen. Ein Satzgefüge ist eine Verbindung von mindestens einem Hauptsatz und einem Nebensatz.
Ordne die Sätze aus Aufgabe 1 den Satzbaumodellen zu. Notiere den Buchstaben des jeweiligen Satzes.

Satzbaumodell	Sätze/Buchstaben
______ Hauptsatz ______ , ______ Hauptsatz ______ .	
______ Hauptsatz ______ , ~~~~~~ Nebensatz ~~~~~~ .	
______ Hauptsatz ______ . ~~~~~~ Nebensatz ~~~~~~ ,	

3 Zeichne zu den folgenden Sätzen ein Satzbaumodell. Setze auch die fehlenden Kommas.

A Eltern sorgen dafür dass ihre Kinder genug zum Essen haben.

B Wenn die Eltern zu wenig Geld zur Ernährung des Kindes besitzen haben sie Anspruch auf Unterstützung.

C Jedes Kind hat ein Recht auf Essen deshalb steht dies auch im Artikel 27 der Kinderrechtskonvention.

Satzbaumodell
A
B
C

4 Verknüpfe die folgenden Sätze mithilfe passender Konjunktionen zu Satzreihen und Satzgefügen.

A Alle Kinder haben die gleichen Rechte. Kinder sind unterschiedlich. — obwohl, dennoch

____

____

B Ein Kind kann sich bei verschiedenen Organisationen Hilfe suchen. Ein Kind ist hilfebedürftig. — wenn, da

____

____

C Es wurde lange diskutiert. Viele Länder haben der Kinderrechtskonvention zugestimmt. — bevor, nachdem

____

____

D Viele Länder haben der Kinderrechtskonvention zugestimmt. Nicht in allen Ländern gelten die Kinderrechte. — aber, doch

____

____

Relativsätze/Attributsätze

1 Attribute sind nähere Bestimmungen zu einem Nomen. Sie sind keine Satzglieder. Beim Umstellen der Satzglieder bleibt ein Attribut bei dem Wort stehen, auf das es sich bezieht.

a) Bestimme mithilfe der Umstellprobe, ob die unterstrichenen Wortgruppen Attribute sind. Schreibe in dein Heft.

A Die <u>beschlossenen</u> Kinderrechtskonventionen gelten weltweit.

Weltweit gelten die <u>beschlossenen</u> Kinderrechtskonventionen.

B Die Rechte <u>dieser Konvention</u> gelten für Kinder.

C Meistens werden Menschen <u>im Alter von unter 18 Jahren</u> als Kinder bezeichnet.

D In einzelnen Ländern werden die <u>dort lebenden</u> Kinder schon mit 16 Jahren als volljährig betrachtet.

b) Forme die Attribute aus Aufgabe a) wie im Beispiel in Nebensätze (Relativsätze/Attributsätze) um.

A *Die Kinderrechtskonventionen, <u>die beschlossen wurden</u>, gelten weltweit.*

B ______________________________

____

C ______________________________

____

D ______________________________

____

2 Um welche Art des Attributs handelt es sich bei den unterstrichenen Wörtern jeweils? Ordne den Beispielen die passende Bezeichnung zu.

die <u>diskutierten</u> Themen → Partizip als Attribut	Adjektivattribut
die Kinder <u>aus verschiedenen Ländern</u>	Partizip als Attribut
die Gültigkeit <u>dieser Rechte</u>	Apposition als Attribut
die <u>langen</u> Verhandlungen	Genitivattribut
Alle Menschen, <u>auch Kinder</u>, haben Rechte.	Präpositionalattribut

3 a) Unterstreiche in den folgenden Sätzen die Relativsätze/Attributsätze. Du erkennst sie an den einleitenden Relativpronomen *der/die/das* oder *welcher/welche/welches*.

b) Umkreise die Relativpronomen und mache durch Pfeile deutlich, auf welches Bezugswort sie sich jeweils beziehen.

Die Einhaltung der Kinderrechte

A Jedes Land, das der Kinderrechtskonvention zugestimmt hat, informiert über die Einhaltung der Kinderrechte.

B Eine Gruppe von Personen, die sich sehr gut mit Kinderrechten auskennt, überprüft deren Einhaltung.

C In Deutschland gibt es viele Organisationen, die sich besonders um den Schutz der Kinder kümmern.

D In vielen Ländern gibt es Personen, welche die Einhaltung der Kinderrechte überwachen.

4 Ergänze in den folgenden Sätzen die Relativpronomen in der richtigen Form.

Deutschland ist momentan eines der Länder, __________ sich streng an die Vorgaben halten.

Die Kinderrechte, ________ in vielen Ländern gelten, sollten auch eingehalten werden.

Personen, ________________ viel Fachwissen zu dem Thema haben, überprüfen das.

Hält ein Land, ________________ der Kinderrechtskonvention zugestimmt hat, die Kinderrechte nicht ein, kann man sich darüber beschweren.

5 Unterstreiche in den Sätzen den Relativsatz und forme ihn wie im Beispiel in ein Attribut um.

A Es gibt Personen, die die Einhaltung der Kinderrechte überwachen.
Es gibt Personen zur Überwachung der Kinderrechte.

B Kinder können Anwälte zu Hilfe nehmen, die ihre Rechte vertreten.

____

C Die Länder verfassen Dokumente, die über die Einhaltung der Kinderrechte informieren.

____

D Mitarbeiter, die bei bestimmten Organisationen arbeiten, kümmern sich um den Schutz von Kindern.

____

____

Vom Satzglied zum Gliedsatz

Adverbialsätze

1 Adverbiale Gliedsätze können die Funktion einer adverbialen Bestimmung übernehmen.
a) Unterstreiche in den folgenden Sätzen die adverbialen Bestimmungen.
b) Forme nun die adverbiale Bestimmung in einen adverbialen Gliedsatz um.
Verknüpfe die Sätze mit einer passenden Konjunktion.

A Wegen des häufigen Verstoßes gegen das Recht auf Privatsphäre wurde dieses in die Sammlung aufgenommen.

Das Recht auf Privatsphäre wurde in die Sammlung aufgenommen, weil

B Bei Verletzung dieses Rechtes sollte der Betroffene darauf hinweisen.

C Durch die Aufnahme dieses Rechtes in die Sammlung sollen die Gedanken von Kindern geschützt werden.

2 Ebenso wie Adverbien geben adverbiale Gliedsätze Informationen zu Grund, Zeit, Ort und der Art und Weise.
a) Unterstreiche in den folgenden Sätzen jeweils den adverbialen Gliedsatz.

A Ich bewahre mein Tagebuch dort auf, wo es hoffentlich niemand findet.

B Kinder schreiben häufig ins Tagebuch, weil sie sich später noch an schöne Erlebnisse erinnern wollen.

C Lisa schützt ihr Tagebuch, indem sie es abschließt.

D Nachdem Lisa in ihr Tagebuch geschrieben hatte, erlaubte sie nur der besten Freundin, den Eintrag zu lesen.

b) Bestimme mithilfe von geeigneten W-Fragen, welche Information der adverbiale Gliedsatz jeweils gibt.

A *Wo bewahre ich mein Tagebuch auf? → Information zu*

Teste dich! Satzglieder und Sätze

1 Bestimme die unterstrichenen Satzglieder. Notiere in Klammern, ob es sich um ein Subjekt (S), ein Prädikat (P), ein Akkusativobjekt (AO), ein Dativobjekt (DO) oder eine adverbiale Bestimmung (AB) handelt.

<u>In ganz Deutschland</u> (__________) gibt es in zahlreichen Städten <u>Kinderbürgermeister</u> (__________). In Soltau ist <u>der neunjährige Wim Aalders</u> (__________) zum Beispiel für ein Jahr als Kinderbürgermeister gewählt worden. Er begleitet <u>den „richtigen“ Bürgermeister</u> (__________) <u>manchmal</u> (__________) zu offiziellen Terminen. Außerdem <u>hat</u> (__________) er als Kinderbürgermeister <u>den Weihnachtsmarkt</u> (__________) von Soltau <u>eröffnet</u> (__________). Wim <u>versucht</u> (__________), die Stadt kinderfreundlicher zu machen. Dabei helfen <u>ihm</u> (__________) auch Anregungen und Empfehlungen von anderen Kindern.

2 Entscheide, bei welchen Sätzen es sich um Hauptsätze und bei welchen es sich um Nebensätze handelt. Gehe so vor:

a) Unterstreiche die finiten Verbformen. Bestimme jeweils, ob es sich um einen Hauptsatz oder einen Nebensatz handelt.

b) Ordne die einzelnen Sätze den Satzbaumodellen unten zu. Notiere den Buchstaben des jeweiligen Satzes hinter dem entsprechenden Satzbaumodell.

A Im Kinderparlament gibt es für bestimmte Bereiche Experten, die sich mit einem Thema (z. B. Busfahrplänen) ganz besonders gut auskennen.

B Wenn beispielsweise die Busanschlüsse nach Schulschluss nicht gut sind, wird dies direkt an die Beauftragten der Stadt gemeldet.

C Der Kinderbürgermeister leitet das Kinderparlament, er übernimmt daher auch schon im jungen Alter eine verantwortungsvolle Aufgabe.

Satzbaumodell	Satz/Buchstabe
________ Hauptsatz ________, ________ Hauptsatz ________.	
________ Hauptsatz ________, ________ Nebensatz ________.	
________ Nebensatz ________, ________ Hauptsatz ________.	

Richtig schreiben

Groß oder klein?

Nomen/Substantive mithilfe von Strategien erkennen

käpt'n blaubär: Mein leben als zwergpirat *nach Walter Moers*

Ein leben beginnt gewöhnlich mit der geburt – meins nicht. Zumindest weiß ich nicht, wie ich ins leben gekommen bin. Ich könnte – rein theoretisch – aus dem schaum einer welle geboren oder in einer muschel gewachsen sein, wie eine perle. Vielleicht bin ich auch vom himmel gefallen, in einer sternschnuppe.

Fest steht lediglich, dass ich als findelkind ausgesetzt wurde, mitten im ozean. Meine erste erinnerung ist, dass ich in rauer see trieb, nackt und allein in einer walnussschale, denn ich war ursprünglich sehr, sehr klein.

Ich erinnere mich weiterhin an ein geräusch. Es war ein sehr großes geräusch. […] Erzeugt wurde es vom monströsesten, gefährlichsten und lautesten wasserwirbel der sieben weltmeere – ich ahnte ja nicht, dass es der gefürchtete *malmstrom* war, auf den ich da in meinem schälchen zuschaukelte. […]

Das geräusch wurde mächtiger und mächtiger, die nussschale schaukelte immer heftiger, und ich wusste natürlich auch nicht, dass ich schon längst in den sog des wirbels geraten war. In einer kilometerlangen spirale tanzte mein winziges boot, wahrscheinlich das kleinste der welt, dem brüllenden abgrund entgegen. […]

Das war der augenblick, in dem ich zum ersten mal eines der schaurigen lieder der zwergpiraten hörte.

1 Welche Wörter musst du großschreiben?

a) Suche die Nomen im Text. Unterstreiche die Begleitwörter, an denen du das Nomen erkennst.
Tipp: Nutze bei Wörtern ohne Begleitwort, wenn nötig, die Erweiterungsprobe. Achte auf Eigennamen.

b) Trage die Wörter in die richtige Spalte der Tabelle ein.
Achtung: Einige Nomen im Text haben mehrere Begleitwörter.

Nomen mit Artikel / mit Präposition und Artikel	Nomen mit anderem Begleitwort
ein Leben, ins (= in das) Leben,	mein Leben,

Nomen mit Artikel / mit Präposition und Artikel	Nomen mit anderem Begleitwort

Nomen ohne Begleitwort (Erweiterungsprobe)	Eigennamen
als (ein falscher) Pirat,	*Käpt'n Blaubär,*

2 Groß oder klein? Bilde mithilfe der Suffixe und der Wörter im Wortspeicher neue Wörter.
Achte auf die Groß- und Kleinschreibung.
Achtung: Manchmal verändern sich die Wörter beim Zusammensetzen, z. B. *Gefahr* ⟶ *gefährlich*.

nackt · winzig · Gefahr · Natur · Augenblick · rau · Schauer · Schaum · Traum · Angst · ängstlich · ereignen · Furcht · erinnern · wahr

-haft -heit -keit -nis -ig -lich -sam -bar -ung

die Nacktheit,

Nominalisierungen/Substantivierungen erkennen

1 Was ist verboten, was ist erlaubt? Ergänze die Aussagen unten.

Das *Rauchen* ist hier verboten. (rauchen)

Das ____________________ von Müll ist nicht erlaubt. (abladen)

Das ____________________ von Hunden ist in diesem Geschäft nicht gestattet. (mitführen)

Bitte Ruhe! Lautes ____________________ ist hier nicht gestattet. (telefonieren)

Hier ist das ____________________ von Abfall möglich. (entsorgen)

Das ____________________ von Eiswaffeln ist nicht erlaubt. (mitnehmen)

2 Bilde mit den Verben im Wortspeicher Satzpaare wie im Beispiel.

trinken · schwimmen · singen · üben · lachen · essen

A *Ich trinke oft zu hastig.* *Beim hastigen Trinken verschlucke ich mich leicht.*

B *In den Ferien* ____________________

____

C *Im Schulchor* ____________________

____

D *Meine Eltern wollen, dass* ____________________

____

E ____________________

____

F ____________________

____

3 a) Unterstreiche die Verben, die im Text als Nomen gebraucht werden, und ihre Begleitwörter.
b) Schreibe die nominalisierten Verben mit ihren Begleitwörtern heraus.
c) Unterstreiche die Begleitwörter und markiere die Anfangsbuchstaben der nominalisierten Verben farbig.

Die Zwergpiraten retten mich *nach Walter Moers*

Die Zwergpiraten waren die Herrscher des Zamonischen Ozeans. Nur sie verfügten über so viel nautisches Können, dass sie es mit dem Malmstrom aufnehmen konnten. Und sie entdeckten mich – dem Himmel sei Dank – kurz vor meinem Verschwinden im Malmstrom. Sie holten mich an Bord und banden mich an den Mast. Die Gischt überschäumte das Schiff, es legte sich schräg, bäumte sich auf, tauchte auch mehrfach unter, aber mit ihrem seemännischen Können waren die Zwergpiraten in der Lage, das Sinken des Schiffs immer wieder zu verhindern. Ich selbst beobachtete ihr Treiben mit Staunen und registrierte, dass nach einiger Zeit das aufgeregte Herumflitzen der Piraten, das Hissen und Einholen der Segel, das hektische Kurbeln am Steuerrad nachließ und das Gurgeln des Malmstroms immer schwächer wurde. Schließlich entspannte sich die Lage so, dass die Piraten mich losbinden und bestaunen konnten.

nautisches Können,

4 a) Unterstreiche im Text die nominalisierten Verben und ihre Begleitwörter.
b) Schreibe den Text unten in richtiger Groß- und Kleinschreibung in dein Heft.
c) Kennzeichne in deinem Heft die nominalisierten Verben und ihre Begleitwörter wie in Aufgabe 3.

Achtung, Fehler!

Meine Erziehung bei den Zwergpiraten *nach Walter Moers*

ich wurde zum eigentlichen lebensinhalt der zwergpiraten. ihr ganzes dasein drehte sich in den fünf jahren, die ich bei ihnen war, fast nur um mich. [...] sie bemühten sich rührend, mir alles beizubringen, was sie über das kaperwesen und das piratenleben wussten. ganze tage verbrachten sie damit, mir schauerliche piratenlieder vorzusingen, mit fluchen, dem hissen der totenkopfflaggen und dem anfertigen von schatzkarten. einmal versuchten sie sogar mir zuliebe, ein schiff zu kapern, das mindestens tausendmal größer war als ihr eigenes. an diesem tag habe ich alles gelernt, was man über das scheitern wissen muss.
ansonsten lernte ich das seemannshandwerk vom ankerholen über kalfatern bis zum wantenspannen, nur vom zusehen und mithelfen.

5 Wie aus Adjektiven Nomen werden: Streiche zuerst das Nomen, dann das Adjektiv vor dem Nomen weg.

Blaubär war ein großer, ~~schwergewichtiger Bär~~.

Blaubär war ein großer Schwergewichtiger. Blaubär war ein Großer.

Er wurde von winzigen, kleinwüchsigen Zwergpiraten gerettet.

Sie waren außerordentliche, furchtlose Piraten.

Blaubär sah viele merkwürdige, durchsichtige Klabautermänner.

6 Suche im Text die Adjektive, die als Nomen gebraucht werden. Schreibe sie mit ihren Begleitwörtern heraus.

Blaubärs Abschied von den Zwergpiraten *nach Walter Moers*

[...] ich wuchs in einem Tempo heran, das nicht nur mir, sondern besonders den Zwergpiraten bald unheimlich wurde. [...] Man kann sich vorstellen, dass dieses rapide Wachstum auf kleinwüchsige Piraten, die mit einem natürlichen Misstrauen gegen alles Große ausgestattet sind, einen sehr unangenehmen Eindruck machte. Nach fünf Jahren an Bord war ich so groß und schwer geworden, dass ich ihr Schiff zu versenken drohte.

Wenn ich es damals auch nicht verstand, die Zwergpiraten taten das einzig Richtige, als sie mich eines Tages auf einer Insel aussetzten. Ich bin sicher, es ist ihnen nicht leichtgefallen. Sie gaben mir eine Flasche Algensaft und ein selbstgebackenes Algenbrot als Wegzehrung, dann fuhren sie jammernd und klagend in den Sonnenuntergang. Sie wussten, dass ihr Leben ohne mich [...] langweiliger werden würde.

7 Welche Wörter aus dem Text in Aufgabe 6 außer den Verben lassen sich nominalisieren?
Forme sie mithilfe des Wortspeichers in Nomen um. Schreibe in dein Heft und achte auf die Großschreibung.
etwas Besonderes, ...

der · die · das · ein · eine · etwas · alle(s) · manch(e/s) · einige(s) · nichts · allerlei · viel(e)

Teste dich ! **Groß- und Kleinschreibung**

1 Kreuze an, ob die Regeln richtig oder falsch sind.

	richtig	falsch
A Am Satzanfang wird großgeschrieben.		
B Nomen werden immer großgeschrieben.		
C Adjektive und Verben werden immer kleingeschrieben.		
D Manche Nomen und Adjektive kann ich an bestimmten Endungen erkennen.		
E Personalpronomen werden großgeschrieben.		
F Alle Wörter, zu denen im Satz ein Artikel gehört, werden großgeschrieben.		
G Wörter ohne Artikel werden kleingeschrieben.		
H Alle Wortarten können im Satz großgeschrieben werden, wenn sie wie Nomen gebraucht werden.		
I Den Gebrauch eines Wortes als Nomen erkenne ich meistens an Begleitwörtern: an Artikeln, anderen Begleitern und vor dem Wort stehenden Adjektiven.		
J Eigennamen werden großgeschrieben.		

2 Entscheide, ob du groß- oder kleinschreiben musst, und ergänze die Wörter in der richtigen Schreibung.

Durch das ________________ (AUF UND AB) der Wellen wird vielen Leuten auf hoher See schlecht. Sie möchten dann gerne wieder etwas __________ (FEST) unter den Füßen spüren und nicht so etwas ______________ (UNSICHER) wie ein Schiffsdeck. Mancher fühlt sich ______________ (BESSER), wenn er an Deck ________________ (AUF UND AB) geht, andere bleiben lieber in der Koje ____________ (LIEGEN). Im ____________ (LIEGEN) scheint ihnen der Magen weniger zu rebellieren. An ________________________ (ESSEN UND TRINKEN) ist im __________________ (SEEKRANK) Zustand gar nicht zu ______________ (DENKEN). Wenn die ________________ (SEEKRANK) schließlich an Land gehen, meinen sie immer noch das _____________ (SCHAUKELN) des Schiffes zu spüren.

Groß- und Kleinschreibung von Zeitangaben

1 a) Entscheide über die Groß- oder Kleinschreibung der Zeitangaben und sortiere sie in die Tabelle ein.
b) Trage Zeitangaben, bei denen eine Angabe groß- und eine kleingeschrieben wird, unten ein.

ABENDS · AM ABEND · NACHTS · MORGEN · MORGEN MITTAG · GESTERN · HEUTE · MONTAG · DES MORGENS · FREITAGS · JEDEN NACHMITTAG · NACHMITTAGS · DIENSTAGNACHMITTAG · GEGEN MORGEN · VORGESTERN · SAMSTAGS ABENDS · SAMSTAG UND SONNTAG · VOR MITTERNACHT · JEDEN SAMSTAGABEND · VORGESTERN NACHT

Großschreibung	Kleinschreibung
am Abend	abends

Groß- und Kleinschreibung
morgen Mittag,

2 Suche vier Zeitangaben aus dem Wortspeicher oben aus und bilde Sätze mit ihnen.

Ich bin häufig abends noch nicht müde.

Meistens .

Ich war .

Manchmal .

Wollen wir ?

3 Schreibe die Sätze in richtiger Groß- und Kleinschreibung ab.

Mein Vater joggt gerne FRÜHMORGENS vor der Arbeit.

____

Wir treffen uns MORGEN FRÜH um 8 Uhr.

____

Ich bin AM FRÜHEN MORGEN noch nicht fit.

____

Mein Großvater steht JEDEN MORGEN FRÜH auf.

____

Teste dich ! **Groß- und Kleinschreibung von Zeitangaben**

Ergänze die Zeitangaben in richtiger Groß- und Kleinschreibung in Hannas Brief an Timo.

Lieber Timo, ich möchte dir von unserem Ausflug zur Sternwarte berichten.

Wir machten uns ____________ (GESTERN) am ______________________ (NACHMITTAG) auf den Weg. Ich war ________________ (VORMITTAGS) noch in der Schule. In der Sternwarte habe ich die Phasen der Venus kennen gelernt. Sie wird auch Abend- oder Morgenstern genannt, weil sie ________________ (ABENDS) kurz nach Sonnenuntergang und des ____________ (MORGENS) kurz vor Sonnenaufgang besonders gut zu sehen ist. Die Venus wandert erst unsichtbar hinter der Sonne entlang. Dann sieht man sie ____________ (ABENDS) als Halbkreis (nach links geöffnet) am dunkler werdenden Himmel. In den folgenden Monaten wird sie immer schmaler und ist vor der Sonne nicht mehr zu sehen. Später kann man sie ____________________ (FRÜHMORGENS) wieder als Halbkreis (nach rechts geöffnet) sehen, bis sie erneut kleiner wird und hinter der Sonne verschwindet. Da wir ____________ (ABENDS) erst spät zurückkamen, war ich froh, dass am nächsten ____________ (MORGEN) Samstag war und ich ausschlafen konnte. Am ____________ (FREITAG) in zwei Wochen wollen wir noch einmal ins Planetarium gehen. Es wäre schön, wenn du da mitkommen könntest. Herzliche Grüße von Hanna

Schreibung nach kurzen betonten Vokalen

1 Diese Fantasiewörter kannst du richtig lesen, weil sie sich an die deutschen Rechtschreibregeln halten. Entscheide, ob die markierten Vokale lang oder kurz gesprochen werden, und sortiere sie.

Horri gader tucker botz! Empe burs ratzeflümper ruken pottenhöftel. Queten sie Müpel?

kurz gesprochener Stammvokal (geschlossene Silbe): Horri (Hor-ri), ___

___

___

lang gesprochener Stammvokal (offene Silbe): gader (ga-der), ___

___

2 Entscheide, ob die Konsonanten verdoppelt werden oder nicht. Setze die Wörter in richtiger Schreibung ein.
Tipp: Nutze die Verlängerungsprobe (wö?bt ⟶ wöl-ben) und die Silbenprobe.
Achtung: Die Konsonanten k und z werden nicht verdoppelt. Am Silbengelenk wird z zu tz, k zu ck.

___ (Blik/ckt) man in den nächtlichen ___ (Him/mmel), so meint man, in eine riesige ___ (Kup/ppel) zu sehen, die sich über uns ___ (wöl/llbt) und deren ___ seite (In/nnen-) ___ (vol/ll) von funkelnden ___ (Ster/rrnen) ist. Astronomen ___ (benuz/tzen) das ___ (Model/ll) einer ___ kugel (Him/mmels-), um die Lage der ___ (Ster/rrne) angeben zu ___ (kön/nnen).
Die erste Aufgabe für junge ___ (Ster/rrnguk/cker) ist es ___ (im/mmer), den Polar ___ (ster/rrn) zu ___ (entdek/cken).
Er leuchtet ___ (beson/nnders) ___ (hel/ll). Suche dafür zunächst den Großen Wagen. Den ___ (erken/nnst) du an seinen sieben ___ (Ster/rrnen), die wie ein ___ (Kar/rren) mit Deichsel aussehen.
___ (Dan/nn) ziehst du eine Linie vom rechten ___ rad (Hin/nnter-) zur rechten oberen ___ (Ek/cke) des Wagens und verlängerst sie fünfmal. Am ___ (En/nnde) der Verlängerung siehst du den Polarstern. Viel ___ (Glük/ck)!

3 Zum Knobeln: Wortchamäleon mit kurzem Vokal

a) Verwandle die gegebenen Wörter in fünf Schritten. Verändere jeweils nur einen Buchstaben.
Beachte: Der Stammvokal muss immer kurz sein!

b) Suche für die letzte Spalte selbst ein neues Wortchamäleon und lass es von deiner Tischnachbarin / deinem Tischnachbarn lösen.

Him-mel	Sonne	Wolke	kalt	Rolle	
Hum-mel					
Hum-mer					
Ham-mer					
Kam-mer					
Kum-mer					

4 Bilde drei Sätze, in denen nur Wörter mit kurzen Vokalen vorkommen.
Verwende die Wörter aus dem Wortspeicher und ergänze weitere Wörter mit kurzen betonten Vokalen.

selten · Winter · kalt · Fische · zappeln · Angel · Bett · fallen · schnarchen

In manchen Nächten kann man am Himmel Sternschnuppen erkennen.

5 z oder tz, k oder ck nach kurzem Vokal? Bilde je einen Satz mit mindestens fünf z-Wörtern, tz-Wörtern, k-Wörtern und ck-Wörtern.
Tipp: Überprüfe deine Schreibweise mit der Verlängerungsprobe oder der Silbenprobe.
Achtung: ck darf man am Zeilenende nicht trennen. Bei der Probe darfst du ausnahmsweise ck in k-k trennen.

z: Franz tanzt Walzer, ganz ohne zu stürzen.

z:

tz:

k:

ck:

Schreibung von langen Vokalen

Verschiedene Schreibungen unterscheiden

1 Wiederhole die Regeln: Kreuze an, was richtig und was falsch ist.

	richtig	falsch
A Das Dehnungs-h steht nur vor l, m, n und r.		
B Das Dehnungs-h steht immer vor l, m, n und r.		
C Das Dehnungs-h ist stumm.		
D Für das Dehnungs-h gibt es keine sichere Regel. Man muss sich die Wörter einprägen.		
E Betonte Silben, die mit sch, qu, t oder kr beginnen, haben kein Dehnungs-h.		
F Wörter mit einem h in der Wortmitte werden nach dem h getrennt.		
G Ein h in der Wortmitte ist nicht immer ein Dehnungs-h.		
H Das Dehnungs-h steht am Ende einer offenen Silbe.		
I Das silbentrennende h steht am Anfang der zweiten Silbe in einem zweisilbigen Wort.		
J Doppelvokale werden doppelt so lang ausgesprochen wie einfache Vokale.		
K Ein silbentrennendes h kann man in zweisilbigen Wörtern hörbar machen.		

2 Zum Knobeln: Wortchamäleon mit langem Vokal

a) Verwandle die vorgegebenen Wörter in fünf Schritten, indem du immer nur einen Buchstaben veränderst. Beachte: Der Stammvokal muss immer lang sein! Lange Vokale können ohne Dehnungszeichen, mit stummem Dehnungs-h, mit silbentrennendem h oder als Doppelvokal stehen.

b) Erfinde selbst zwei neue Wortchamäleons mit langem Vokal.

laden	Rosen	Zahl	Meer		
		Zahn			
legen					
lesen					

3 Schreibe zehn Verben mit Dehnungs-h nach Silben getrennt auf.

deh-nen, boh-ren,

4 Schreibe zehn Verben mit silbentrennendem h nach Silben getrennt auf.

ge-hen, flie-hen,

5 Ergänze Wörter aus der gleichen Wortfamilie. Achte auf das Dehnungs-h und das silbentrennende h.

sehen,

froh,

Zahl,

bohren,

Teste dich ! **Lange und kurze Vokale**

Streiche in dem Text die Fehler an und schreibe sie unten in der richtigen Schreibung auf. Notiere jeweils die Rechtschreibregel oder Strategie, die du angewendet hast.

Achtung, Fehler!

Wie kommt es zu Jahreszeiten, Tag und Nacht?

Ein Jahr braucht die Erde, um die Sonne zu umrunnden. Wärend dieser rund 365 Tage bekomen nicht alle Teile der Erde gleich viel Licht und Wärme. Denn durch die Neigung der Erdachse steht manchmal eine Erdhälfte der Sonne näer als die andere. Darum gibt es in unseren Breiten die vier Jahreszeiten. Wenn die Nordhalbkugel der Sonne mehr zugeneigt ist, haben wir Sommer. Dann fallen die Stralen fast senkrecht auf die Erde. Auf der Südhalbkugel herscht dann Winter.

Umgekert haben wir Winter, wen auf der Südhalbkugel Sommer ist. Im Frühjahr und Herbst sind beide Halbkugeln ungefähr gleich zur Sonne geneigt. […]

Der Wechsel von Tag und Nacht komt durch die Drehung der Erde um sich selbst zustande, denn es ist immer nur eine Hälfte der Erde sonnenbeschienen. Auf der anderen herscht Nacht. Die Sonne geht für uns an dem Ort auf, der gerade aus dem Schatten der Nachtseite heraustrit. Wärend sich die Erde weiterdreht, steigt die Sonne am Himmel immer höer, bis sie mitags ihren höchsten Stand erreicht. Dann sinkt sie zum Horizont hinab und geht schließlich unter. […]

umrun-den (kein Silbengelenk),

Wörter mit lang gesprochenem i

1 Suche die Wörter mit langem i, ih und ie. Umrande sie mit einem farbigen Stift.

B	K	S	I	E	K	R	I	S	E
I	S	C	H	I	E	N	E	P	W
E	I	B	R	I	S	E	H	I	G
N	R	E	E	Z	I	E	R	E	N
E	E	K	I	N	O	M	P	L	I
K	N	I	E	S	B	I	B	E	L
O	E	E	I	T	R	I	E	B	I
P	A	S	S	I	E	R	E	N	D
I	H	N	M	E	L	O	D	I	E
E	L	P	A	R	T	I	E	E	R

2 Wo kommt das h her? Bilde die Infinitive und schreibe sie nach Silben getrennt auf.

Tür zu! Es zieht! zie-hen ______________________________

Die Sonnenblume gedieh sehr gut auf meinem Balkon. ______________________________

Siehst du den Großen Wagen am Himmel? ______________________________

Der Bankräuber flieht vor der Polizei. ______________________________

Das geschieht dir recht! ______________________________

Teste dich ! **Wörter mit lang gesprochenem i richtig schreiben**

Setze die fehlenden i-Laute (i, ih, ie, ieh) ein.

Paras___ten nutzen den Körper anderer T___re für ___r Überleben. Der menschliche Körper b___tet ___nen nahrhaftes Blut, der Magen lockt mit attrakt___ven Speisen und in den Darmwänden lässt sich ___r Nachwuchs ohne Schw___rigkeiten aufz___en. Nicht alle fremden Organismen, die in unserem Körper veget___ren, sind jedoch gefährliche Band___ten. Ein Beisp___l ist der Koala, dessen L___blingsspeise Eukalyptusblätter sind. Ohne v___le winz___ge Helfer könnte er das Grünzeug nicht verdauen. Die Nährstoffe würden ungenutzt durch ___n hindurchwandern. Damit das nicht gesch___t, hat der Koala einen zwei Meter langen Blinddarm, in dem eine r___s___ge Bakter___nkolon___ haust. Die zersetzen, was aus dem Magen in den Darm transport___rt wird.

Schwierige Konsonanten richtig schreiben

w, v oder f?

1 Lies die Wörterbuchauszüge und bilde mit den Wörtern je einen Satz.

vir|tu|o̲s <ital.> (meisterhaft, technisch vollkommen)

Vẹs|per [f...], die; -, -n, *südd. für* „Zwischenmahlzeit" *auch* das [...]

____

____

2 Buchstaben in eckigen Klammern zeigen dir im Wörterbuch eine ungewöhnliche Aussprache an. Das [f] hinter dem Wort *Vesper* zeigt dir zum Beispiel, dass das v als [f] ausgesprochen werden muss.
Kennzeichne die Aussprache des v mit [f] oder [v].

Violine [ ] · Viper [ ] · Vinschgau [ ] · Larve [ ] · vakant [ ] · Vogt [ ] · Vulkan [ ] · Vlies [ ] · Hannover [ ] · Frevel [ ]

3 a) Suche die Wörter mit v im Wortgitter und markiere sie farbig.
b) Sortiere die Wörter nach der Aussprache des v und schlage, wenn nötig, im Wörterbuch nach.

O	V	O	L	K	M	A	F	F	E
N	E	V	A	L	A	V	A	G	E
F	R	A	U	A	S	I	C	T	I
A	A	L	F	V	I	E	H	O	F
M	W	L	V	I	L	L	A	V	E
I	E	A	V	E	S	U	V	V	R
L	L	W	A	R	E	V	I	E	R
I	L	I	T	W	L	O	E	R	U
E	E	N	E	I	F	R	R	S	F
N	N	E	R	V	E	N	V	E	R

v als f-Laut: ______________________________

____

v als w-Laut: ______________________________

____

x, gs, ks, chs oder cks?

1 Setze ein: x, gs, ks, chs oder cks. Schlage dir unbekannte Wörter im Wörterbuch nach und notiere die Bedeutung unter dem jeweiligen Satz.

A Sa______en ist ein ostdeutsches Bundesland.

B La______e werden häufig gezüchtet.

C Statt alles la______ zu nehmen und herumzutri______en, solltest du dich durchbo______en.

D Fü______e und Lu______e sollte man nicht verwe______eln.

E Nur im Märchen gibt es He______en und Ni______en.

F Ein Tischlerlehrling muss hobeln und dre______eln lernen.

G Dinosaurier waren riesige E______en.

H Eine Schweinsha______e ist für viele Menschen ein Lu______us.

I Wenn es fi____ gehen soll, rufen wir ein Ta____i.

J Sei vorsichtig, wenn du die Leiter hinaufkra______elst.

K Nach der Standpauke des Lehrers dru______ten alle herum und niemand sagte einen Mu____.

L Zu Pfin______ten sind die Geschenke am gerin______ten, während Weihnachten etwas einbrachte.

M Einen Handwagen zieht man an der Dei____el.

2 Bilde mit den Wörtern im Wortspeicher Sätze. Schlage deren Bedeutung im Wörterbuch nach, falls nötig.

Expedition · Experte · extrem · Exil · exerzieren · Export · Extrakt

Forscher haben eine Expedition in die Arktis unternommen.

s-Laute unterscheiden

1 Bilde Reimwörter.

lassen: fassen, ______

wissen: Kissen, ______

Stuss: ______

genießen: ______

Rosen: ______

2 Suche in jeder Spalte das Kuckucksei. Ergänze die s-Laute und umkreise das Kuckucksei.

Gebi ss	Ra____en	Wa____er	Sie stö____t.
gewi____	Ha____en	be____er	Es to____t.
stie____	Va____en	Be____en	Es ru____t.
Ri____	Ka____en	Rö____er	Er bü____t.

3 Entscheide, ob du nach lang gesprochenem Stammvokal s oder ß schreiben musst.
Nutze die Verlängerungsprobe.

Der Wind sau____t und brau____t über die Dächer. (sau-sen, ______)

Ohne Flei____ kein Prei____. (______)

Mein Hund bei_____t nicht! (______)

Verrei_____t du in den Ferien? (______)

Genie_____t du, was du gerade lie_____t? (______)

Kennst du das Märchen von Schneewei_____chen und Rosenrot? (______)

4 Doppel-s oder ß? Setze ein und begründe.

e_SS_en und a____

me____en und das Ma____

sie verga____, wir verge____en

wir wissen, er wei____

Er verschlei____t seine Hosen, sie sind schnell verschli____en.

der Genu____, das Genie____en

Der s-Laut wechselt, weil die Vokallänge ____________.

Das scharfe [s] schreibt man als Doppel-s nach ____________.

Das scharfe [s] schreibt man ß nach ____________.

Teste dich ! **s-Laute unterscheiden und richtig schreiben**

Setze die fehlenden s-Laute ein. Überprüfe, wenn nötig, die Schreibung mithilfe der Verlängerungsprobe.

Eichhörnchen kommen zwischen März und August zur Welt. Im Anschlu_SS_ an die Paarung verlä____t das Männchen seine Partnerin in beiderseitigem Einverständni____. Eichhörnchen sind kurz nach der Geburt noch völlig nackt und auf die Mutter angewie____en. Etwa sechs Wochen nach der Geburt kann das Eichhörnchen die er____ten Schritte au____erhalb des Kobels, seines Ne____ts, wagen. Nach acht bis zehn Wochen suchen die Ne____thocker selbstständig ihre Nahrung: Nü____e, Bucheckern, Beeren, Fichtenzapfen oder Pilze. Ein Hörnchen sitzt beim E____en aufrecht und umfa____t die Ha____elnu____ fe____t mit seinen Greifzehen.

Nicht selten fallen Eichhörnchen aus ihrem Ne____t. Wenn die Mutter seine Pfiffe nicht hört, mü____t ihr zu Hilfe kommen. Wei____t das Hörnchen keine Verletzungen auf, solltet ihr es am be____ten wieder an die Fundstelle zurückbringen und beobachten, ob die Mutter erscheint. Ist die____ nicht der Fall, könnt ihr es in eure Obhut nehmen. Aber Vorsicht – nicht gleich füttern! Sein Krei____lauf ist vielleicht nicht mehr an E____en gewöhnt. De____halb ist die Flü____igkeitszufuhr jetzt wichtiger.

das oder dass?

1 Die Konjunktion *dass* schreibt man mit Doppel-s. Lies den Text und vervollständige dann die Sätze unten.

Die Natur: Nur die „Stärksten“ überleben?

Das Leben der Tiere ist ein ständiger Kampf um das Überleben. Sie müssen fressen oder sie verhungern, sie fressen oder werden gefressen, sie haben Nachkommen oder sie sterben aus. Die durchsetzungsfähigsten Lebewesen gewinnen. Das sind nicht immer die Stärksten und Größten, sondern die, die sich ihrer Umgebung am besten anpassen und so im Kampf um das Dasein überleben können.
Manchmal entscheiden aber auch „Zufälle“ wie ein Vulkanausbruch oder andere Naturkatastrophen über das Überleben. Bei einem Vulkanausbruch in der Nähe des Äquators entstanden vor fünf Millionen Jahren zum Beispiel die Galapagos-Inseln. Obwohl diese Inselgruppe nur aus kargen Vulkanfelsen bestand, besiedelten in den darauffolgenden Jahrtausenden Pflanzen und Tiere die Inseln. Und irgendwann verirrte sich auch ein Schwarm Finken auf die Insel.

Es ist leicht zu beobachten, dass das Leben der Tiere __________

Es liegt in der Natur der Tiere, __________

Die Entwicklungsgeschichte zeigt, __________

Außerdem kann man nachweisen, __________

Man weiß zum Beispiel, __________

2 a) Nach welchen Verben kann ein *dass*-Satz stehen? Kreuze an.
b) Bilde mit diesen Verben Sätze. Schreibe in dein Heft.

( ) kennen · ( ) erkennen · ( ) träumen · ( ) sich freuen · ( ) meinen · ( ) pflegen · ( ) hassen · ( ) behaupten · ( ) wegfahren · ( ) schreiben · ( ) arbeiten · ( ) glauben · ( ) voraussagen · ( ) entgegnen · ( ) beenden · ( ) feststellen · ( ) leeren · ( ) herausfinden · ( ) sich ärgern

3 Das Relativpronomen *das* schreibt man mit s.
Unterstreiche im Text die fünf Relativsätze mit *das* und markiere jeweils das Beziehungswort.

Darwin und die Galapagos-Finken

Die Nachkommen dieses Finkenschwarms entdeckte Charles Darwin auf den Galapagos-Inseln. Er zählte 14 verschiedene Finkenarten, die es auf dem Festland nicht gab. Sie hatten sich aus dem ursprünglichen Schwarm entwickelt und das Überlebensproblem, das sich aufgrund des knappen Nahrungsangebots auf den Vulkaninseln stellte, durch Veränderungen gelöst. Und wie geschehen solche Veränderungen? Die Natur „probiert" herum. Jedes Junge, das zur Welt kommt, unterscheidet sich dann ein klein wenig von seinen Eltern. Wenn zum Beispiel ein Küken schlüpft, das zufällig einen etwas dickeren Schnabel hat, kann es damit Futter zerbeißen, das für andere Finken zu hart ist. Es nutzt eine neue Nahrungsquelle, ist deshalb besser ernährt und bekommt mehr Junge. So setzen sich die „Dickschnäbel" durch.

Teste dich ! ***das/dass*** **unterscheiden und s-Laute richtig schreiben**

1 Setze die fehlenden s-Laute (s, Doppel-s, ß) ein. Ihr könnt euch den Text auch gegenseitig diktieren.
Tipp: Suche die Nebensätze, die mit *das* und *dass* eingeleitet werden. Kannst du das Einleitewort durch *welches* ersetzen, handelt es sich um das Relativpronomen *das*. Ist das Einleitewort nicht ersetzbar, handelt es sich um die Konjunktion *dass*. In allen anderen Fällen schreibst du *das*.
2 Überprüfe deine Schreibung von *das* und *dass*: Unterstreiche die Relativsätze gelb und die Nebensätze mit der Konjunktion *dass* rot.

Da___ Wa___er der Erde

Au___ dem All betrachtet, sieht der grö___te Teil un___erer Erde blau au___, weil drei Viertel der Erdoberfläche von flü___igem Wa___er bedeckt sind. Da___ i___t ein Glück, denn alle Lebewe___en sind auf Wa___er angewie___en. Auf den er___ten Blick erscheint der Wa___ervorrat der Erde unerme___lich. Doch du wei___t sicher, da___ da___ mei___te Wa___er Salzwa___er i___t, da___ ungenie___bar i___t. Stell dir vor, da___ du eine Badewanne mit Wa___er volllaufen lä___t. Da___ wäre dann alle___ Wa___er, da___ die Erde zu bieten hat. Von die___em Badewanneninhalt wäre aber blo___ ein halber Eimer wertvolle___ Sü___wa___er, da___ zum Trinken geeignet i___t. Und da___ bi___chen Sü___wa___er i___t noch nicht einmal voll nutzbar, weil rie___ige Mengen davon an den Polen zu Ei___ gefroren sind oder so weit unter der Erde liegen, da___ sie nicht erreichbar sind. Von der ganzen Badewanne bleibt de___halb nur eine Literflasche genie___bares Wa___er übrig.

Strategie: Verlängern und Ableiten

1 a) Entscheide mithilfe der Verlängerungsprobe, ob die Wörter mit d oder t, g oder k geschrieben werden. Schreibe sie in richtiger Schreibung auf.
b) Bei welchen Wörtern kannst du die Schreibung nicht durch Verlängern oder Ableiten erklären? Notiere sie als Merkwörter.

Wie sich Eisbären gegen die Kälte wehren

Eisbären sind groß und fett und haben einen dicken Pelz. Der schimmert zwar weiß, aber ta_sächlich sind die Haare durchsichti_. Sie leiten die Sonnenstrahlen dire_t auf die darunterliegende Hau_. Die ist schwarz und kann deshalb die Wärme gut aufnehmen. So entsteht eine wärmende Luftschicht, die wie eine Daunenjacke wir_t. Beim Schwimmen gelan_t aber Wasser auf die Hau_, das mit fast minus 2 Gra_ Celsius eisi_ ist. Der Gefrierpun_t von Salzwasser lie_t nämlich tiefer als der von Süßwasser. Trotzdem paddeln die Eisbären stundenlan_ durch das ar_tische Meer. Die Erklärun_: Vor dem Erfrieren schützt sie der „Blubber“, eine Fettschicht unter der Hau_, die auch an Lan_ wichti_ gegen die Kälte ist.

tatsächlich (Taten), ______

______

______

______

Merkwörter:

______

2 Entscheide, ob du ä oder e, äu oder eu einsetzen musst. Prüfe mithilfe der Ableitungsprobe, ob es ein verwandtes Wort mit a oder au gibt.

N_lich str_nte eine gr_liche Katze mit gestr_btem F_ll durch die n_chtlichen Straßen und fr_te sich über ein M_schen als B_te.
J_ger müssen ihre Gew_hre gut in Schr_nken verschließen.
Auch die str_ngsten Ges_tze können keine vollst_ndige Sicherheit gew_hren.

gräulich (grau), ______

______

______

______

______

______

Kommas richtig setzen

Das Komma bei Aufzählungen und Satzunterbrechungen

1 Unterstreiche die Aufzählungen blau, die Satzunterbrechungen gelb und setze die fehlenden Kommas.

Der tropische Regenwald

Achtung, Fehler!

Es gibt keinen Lebensraum auf der Erde, in dem so viele Tiere leben wie in den tropischen Regenwäldern Afrikas Südamerikas und Asiens. Hier begünstigt vom feuchten heißen Klima in Äquatornähe leben mehr Arten als in allen anderen Regionen zusammen.

Ein Regenwald wirkt dunkel dicht und wild, denn nur ein Prozent des Sonnenlichts dringt in das Unterholz vor. Umgestürzte Riesenpalmen verfaulen zwischen verholzten Lianen und Farnbüscheln. Pilze Bakterien und verschlungene Wurzeln bilden die oberste Bodenschicht. Auf dieser Bodenschicht dem „Erdgeschoss" des Waldes tummeln sich Käfer Tausendfüßler Blutegel Vogelspinnen und Heerscharen von Termiten ameisenähnlichen Insekten, die Holz fressen.

In der nächsten „Etage" der sogenannten Strauchschicht leben Faultiere und Affen z. B. Gibbons und Klammeraffen. Im „Dachgeschoss" der sogenannten Kronenschicht strecken bis zu 60 Meter hohe Bäume ihre Kronen ins Licht. Größere Tiere kommen nur selten hierher und auch Papageien und Tukane Spechtvögel mit gebogenen Schnäbeln vergnügen sich lieber eine Etage tiefer.

2 Füge die Ausdrücke im Wortspeicher an passender Stelle als Unterbrechung in die Sätze ein und schreibe sie in dein Heft. Achte auf die Kommas.

A In ruhigen und naturbelassenen Waldgebieten fühlt sich der Schwarzstorch, ein ...

A In ruhigen und naturbelassenen Waldgebieten fühlt sich der Schwarzstorch wohl.

B Der Kormoran galt lange als Nahrungskonkurrent des Menschen.

C Kraniche und Seeadler vermehren sich wieder stärker.

D Borkenkäfer vermehren sich im Totholz.

eine Leibspeise der Spechte · ein scheuer Vogel · ein Fischfresser · vom Aussterben bedroht

Das Komma zwischen Haupt- und Nebensätzen

1 Woran erkennst du einen Hauptsatz und einen Nebensatz?

Im Hauptsatz steht das finite (gebeugte) Verb an der ______________ Satzgliedstelle, im Nebensatz in der Regel an der ______________ Satzgliedstelle.

2 a) Markiere in den folgenden Sätzen die finiten (gebeugten) Verben grün.
b) Markiere die Hauptsätze und die Nebensätze und setze die fehlenden Kommas.

Achtung, Fehler!

A Der Apfel ist keine heimische Frucht, sondern er war ursprünglich in Zentral- und Westasien beheimatet.

B Für die Kelten war der Apfel ein Symbol für Tod und Wiedergeburt bei den Germanen hütete die Göttin Iduna goldene Äpfel, die den Göttern Unsterblichkeit verliehen.

C Äpfel stehen an der vierten Stelle der weltweiten Produktion für Obstsorten weil sie sehr genügsam sind.

D China ist das Land das die meisten Äpfel produziert.

E In Europa sind die Deutschen die größten Apfelesser wobei aber nur ungefähr die Hälfte dieser Äpfel in Deutschland produziert wird.

F Wenn man abnehmen will können Äpfel hilfreich sein.

G Das Apfelpektin das im Magen aufquillt senkt den Cholesterinspiegel und sorgt dafür dass man sich lange satt fühlt.

3 a) Haupt- und Nebensätze werden durch Kommas getrennt. Setze die fehlenden Kommas im Text.
b) Überprüfe deine Entscheidungen: Markiere die finiten (gebeugten) Verben grün und die Einleitewörter der Nebensätze gelb.

Achtung, Fehler!

Der Apfel

Der Apfel, der bei den Römern Malus („das Böse") hieß, weil er mit dem Sündenfall die Vertreibung des Menschen aus dem Paradies bewirkt hatte stammt ursprünglich aus Asien. Schon im Mittelalter wurde er jedoch in Deutschland heimisch. Da man manche Sorten bis in das Frühjahr hinein lagern kann konnten die Menschen Vitamine auch in der kalten Jahreszeit zu sich nehmen. Das war zu den Zeiten wichtig als es noch keine Importe aus anderen Ländern gab und man keine frischen Äpfel kaufen konnte.
Dass der Apfel gesund ist weil er viele Vitamine besitzt weißt du bestimmt. Aber wusstest du auch dass er ein Heilmittel für das Verdauungssystem und den Stoffwechsel ist? Wenn du einen rohen Apfel auf nüchternen Magen isst hilft das gegen Verstopfung. Merkwürdigerweise wirkt der gleiche Apfel wenn er fein gerieben wird gegen Durchfall.

Teste dich ! **Kommas richtig setzen**

Setze die fehlenden Kommas.
Tipp: Überprüfe deine Kommasetzung:
Hast du die Bestandteile von Aufzählungen getrennt und Unterbrechungen in Kommas eingeschlossen?
Hast du Haupt- und Nebensätze getrennt, indem du die Einleitewörter der Nebensätze und die finiten (gebeugten) Verben am Ende ausfindig gemacht hast?

Achtung, Fehler!

Vögel bestimmen – Aufgepasst: Piepmätze im Großeinsatz *nach Sixta Görtz*

Das Frühjahr ist die beste Zeit für Vogelbeobachter. Dann sind die Piepmätze nämlich unermüdlich im Einsatz: Sobald die besten Reviere verteilt sind beginnen Paarung und Nestbau. Bei manchen Vogelfamilien ist sogar schon der Nachwuchs unterwegs. Zu keiner anderen Zeit im Jahr ist der Vogel-Terminplan so vollgepackt wie im Frühling. Und dabei zwitschern rufen und singen die kleinen Schreihälse um die Wette.

Vögel gibt's überall

Vögel zu bestimmen ist gar nicht schwer – zumindest für alle Naturdetektive die gut still sitzen können. Mit ein bisschen Übung kannst du bald viele verschiedene Vögel in deiner Nähe entdecken. Vögel gibt es nämlich überall – im Wald auf Wiesen in Feuchtgebieten im eigenen Garten und sogar in der Großstadt. Deshalb schnapp dir ein Fernglas und ab nach draußen!

Wie erkennt und bestimmt man Vögel?

Eine Bachstelze wippt meistens mit dem Schwanz eine Meise kann an den dünnsten Zweigen herumturnen Amseln singen oft von hohen Punkten aus und ein Bussard fliegt am Himmel große Kreise. Um all dies erkennen zu können braucht es vor allem Geduld und ein Fernglas. Mit einem guten Bestimmungsbuch oder einer Vogel-App für dein Smartphone dazu bist du perfekt ausgestattet. Am besten beobachtest du Vögel indem du dir ein gemütliches Plätzchen suchst an dem du es auch länger aushalten kannst. Zieh dich warm an und setz dich mit dem Rücken zur Sonne. Und dann: Möglichst nicht mehr bewegen.

Die wichtigsten Merkmale

Die wichtigsten Merkmale für die Bestimmung von Vögeln sind der Lebensraum die Farbe des Gefieders die Körpergröße und der Gesang. Mit dem Fernglas kannst du die Farbe und die Körpergröße gut unterscheiden. Außerdem kannst du Abstand halten sodass die Tiere ungestört bleiben und nicht davonflattern. Das Bestimmungsbuch hilft dir dabei, die Vögel richtig einzuordnen. Gute Bestimmungsbücher sind so übersichtlich aufgebaut dass du die wichtigsten Merkmale auf den ersten Blick erkennen kannst. Für die Apps brauchst du zwar am Anfang ein bisschen Übung aber dann haben sie den Vorteil dass du durch ein paar Klicks deine Suche eingrenzen kannst und dann nur noch einige passende Arten angezeigt bekommst. Das ist für Anfänger eine sehr gute Hilfe. […]

Die meisten Vögel hört man bevor man sie sieht. Deshalb beginne deine Vogelbeobachtung mit den Ohren. Lausche kurz bevor du mit dem Fernglas nach dem Besitzer der Stimme suchst. Wenn du das ein paarmal gemacht hast wird es dir sicher leichtfallen, die Vogelstimmen zu erkennen. […]

Zeichensetzung bei wörtlicher Rede

1 Wörtliche Rede wird in Anführungszeichen gesetzt. Notiere zu den weiteren Regeln jeweils ein Beispiel.

Steht ein Begleitsatz vor der wörtlichen Rede, wird dieser mit dem Doppelpunkt abgeschlossen.

Steht ein Begleitsatz hinter der wörtlichen Rede, trennt ein Komma die Rede vom Begleitsatz.

Steht der Begleitsatz innerhalb der wörtlichen Rede, wird der Begleitsatz in Kommas eingeschlossen.

2 a) Unterstreiche in der folgenden Sage die wörtliche Rede und ihre Begleitsätze.
b) Schreibe die wörtliche Rede mit den Redebegleitsätzen in dein Heft. Ergänze die Rede- und Satzzeichen.

Das Hockende Weib (eine Sage aus dem Tecklenburger Land)

Achtung, Fehler!

Als in uralter Zeit die Fluten des Meeres oft noch tief ins Land strömten, füllte sich einmal die Ebene des Münsterlandes bis zu den Bergen hin mit Wasser. Die Flut sprang über die Äcker und Wiesen und drang bis zu den Häusern der Menschen vor.

In einer Hütte am Fuße der Berge unweit Ibbenbürens wohnte eine Mutter mit ihren Kindern. Eines Morgens spielten die Kleinen auf der Wiese und freuten sich über die Blumen, die dort blühten. Die Mutter saß am Fenster in der Stube und sah dem munteren Treiben zu. Plötzlich rauschte und brauste es in der Ferne. Die Kinder blickten erschrocken auf und vergaßen ihr Spiel. Als sie um sich schauten, sahen sie das Wasser über das Feld kommen, ein großes, gewaltiges Meer.

Mutter, die Flut riefen sie, eilten ins Haus und klammerten sich an sie.

In unsere Hütte wird das Wasser nicht kommen tröstete die Mutter die Kinder. Aber kaum hatte sie das gesagt, da schossen die Wellen schon über die Schwelle und drangen in die Stube.

Mutter, wir ertrinken! weinten die Kleinen.

Da ergriff die Mutter ihre Kinder, nahm sie auf die Arme, eilte mit ihnen aus dem Hause, trug sie durch die Flut, die ihr schon bis zu den Knien reichte, und hastete den Berg hinauf, um dem Verderben zu entgehen.

Am Berghang hatten sie eine Weile Ruhe, aber nicht lange währte es, da schrien die Kinder abermals Mutter, die Flut!

Mit Entsetzen sah die Mutter, wie das Wasser auch den Berg heraufstieg, höher und immer höher. Schon netzte es ihre zitternden Füße. Da, in der größten Not, hockte die Mutter sich hin und sagte zu den Kindern Steigt auf meine Schultern!

Dann betete sie Herr im Himmel, wenn ich auch ertrinken muss, lass meine Kinder leben!

Als sie so sprach und sich aufrichten wollte, vermochte sie es nicht mehr.

Wird die Flut uns auch hier erfassen? jammerten weinend die Kinder. Aber die Mutter antwortete nicht. Warum ist deine Hand so hart und kalt wie Stein? schrie das kleinste. Und das älteste sagte entsetzt Mutter, deine Schultern sind auch wie Stein, deine Brust und dein Rücken auch.

Die Mutter konnte die weinenden Kinder nicht mehr trösten; denn sie war zu einem Felsblock erstarrt, der aus der brausenden Flut emporragte und die Kinder trug, bis das Wasser sank.

So entstand das „Hockende Weib" an den Dörenther Klippen im Teutoburger Wald.

Deutschzeit

Arbeitsheft **6**

Textquellenverzeichnis

S. 4: Funke, Cornelia: Gespensterjäger auf eisiger Spur. In: Funke, Cornelia: Gespensterjäger. 2. Auflage. Bindlach: Loewe Verlag, 2009, S. 17–20; **S. 6:** Textstelle A. In: Funke, Cornelia: Gespensterjäger. 2. Auflage. Bindlach: Loewe Verlag, 2009, S. 21; **S. 22:** Äsop: Der Fuchs und der Bock im Brunnen. In: Das große Fabelbuch. 2. Auflage 2011, © Oldenburg: Lappan Verlag GmbH, 2010, S. 139; **S. 24:** Äsop: Der Löwe und die Maus. In: Das große Fabelbuch. 2. Auflage 2011, © Oldenburg: Lappan Verlag GmbH, 2010, S. 20; **S. 26:** Lewin, Waldtraut: Der Herr der Winde. In: Lewin, Waldtraut: Griechische Sagen. Bindlach: Loewe Verlag GmbH, 2008, S. 240 f. **S. 28:** Odysseus bei Alkinoos. In: Lewin, Waldtraut: Griechische Sagen. Bindlach: Loewe Verlag GmbH, 2008, S. 268–270. **S. 30:** Gernhardt, Robert: Heut singt der Salamanderchor. In: Gernhardt, Almut und Robert: Ein gutes Wort ist nie verschenkt. Gedichte und Geschichten für Kinder. Frankfurt am Main: S. Fischer Verlag GmbH, 2009, S. 36; **S. 32:** nach Busch, Wilhelm: Der Esel. In: Busch, Wilhelm: Gedichte. Herausgegeben von Friedrich Bohne. Zürich: Diogenes Verlag AG, © 1974, 2007, S. 83; **S. 33:** Jandl, Ernst: ottos mops. In: Jandl, Ernst: OTTOS MOPS HOPST. Gedichte. Mit 11 Zeichnungen von Bernd Hennig, Ravensburger Buchverlag Otto Maier GmbH, 1988, S. 5. Lizenzausgabe als Ravensburger Taschenbuch © Darmstadt: Hermann Luchterhand Verlag GmbH & Co. KG, 1985. **S. 34:** „Wir Astronauten sind Entdecker". In: Deutsches Zentrum für Luft- und Raumfahrt (DLR): Blue Dot – Alexander Gerst gestaltet unsere Zukunft auf der Internationalen Raumstation, S. 4. Online im Internet: http://www.dlr.de/dlr/Portaldata/1/Resources/documents/2014/23675_Gerst_Web_high.pdf [30.04.2015] **S. 36:** Sophie Haffner: Forschung auf der ISS – Alex goes space. In: Abenteuer Weltraum. Ideen für den Unterricht. Ein Projekt der Stiftung Lesen in Kooperation mit DLR und esa. Stiftung Lesen (Hrsg. und Verleger): Abenteuer Weltraum, © Stiftung Lesen, Mainz 2014, S. 3; **S. 56:** nach Moers, Walter: Käpt'n Blaubär: Mein Leben als Zwergpirat. In: Moers, Walter: Die 13 ½ Leben des Käpt'n Blaubär. Frankfurt: Eichborn GmbH & Co. Verlag KG, 1999, S. 11–14; **S. 59 oben:** zusammenfassende Wiedergabe nach Moers, Walter: Die 13 ½ Leben des Käpt'n Blaubär. Frankfurt: Eichborn GmbH & Co. Verlag KG, 1999, S. 14–16; **S. 59 unten:** nach Moers, Walter: Die 13 ½ Leben des Käpt'n Blaubär. Frankfurt: Eichborn GmbH & Co. Verlag KG , 1999, S. 20; **S. 60:** nach Moers, Walter: Die 13 ½ Leben des Käpt'n Blaubär. Frankfurt: Eichborn GmbH & Co. Verlag KG, 1999, S. 24 f. **S. 67:** Wie kommt es zu Jahreszeiten, Tag und Nacht? Nach: Die Sonne als Taktgeber. In: Schwarz, Manfred, und Gorgas, Martina: Alles, was ich wissen will. Erde und Weltall. Ravensburg: Ravensburger Buchverlag Otto Maier, 2013, S. 28 f.; **S. 69:** Wörterbuchauszug „virtuos". In: Dudenredaktion (Hrsg.): Duden. Die deutsche Rechtschreibung. 25., völlig neu bearbeitete und erweiterte Auflage. Mannheim, Zürich: Dudenverlag, © Bibliographisches Institut GmbH, 2010, S. 1142; **S. 69:** Wörterbuchauszug „Vesper". In: Dudenredaktion (Hrsg.): Duden. Die deutsche Rechtschreibung. 25., völlig neu bearbeitete und erweiterte Auflage. Mannheim, Zürich: Dudenverlag, © Bibliographisches Institut GmbH, 2010, S. 1138; **S. 78:** nach Görtz, Sixta: Vögel bestimmen – Aufgepasst: Piepmätze im Großeinsatz. Online im Internet: http://www.naturdetektive.de/natdet-20120626.html [18.04.2015]. **S. 79:** nach Schubert, Hans Wolfgang: Das Hockende Weib. In: Hunsche, Friedrich Ernst (Hrsg.): Sagen und Geschichten aus dem Tecklenburger Land. Ibbenbüren: Ibbenbürener Vereinsdruckerei, 1964, S. 38 f.

Bildquellenverzeichnis

S. 9: Böcklin, Arnold (1827–1901): Die Toteninsel. Corbis/© Corbis; **S. 34:** © action press/Kietzmann, Björnaction press

Redaktion: Anne Jansen

Illustrationen: Vera Brüggemann, Bielefeld: S. 10–25, S. 56–79
Sulu Trüstedt, Berlin: S. 4–9, S. 26–55
Umschlaggestaltung und Layoutkonzept: WERNERWERKE GbR, Berlin, unter Verwendung eines Fotos von Shutterstock / Ivan Bajie
Technische Umsetzung: L101 Mediengestaltung, Fürstenwalde

www.cornelsen.de

Alle Drucke dieser Auflage sind inhaltlich unverändert
und können im Unterricht nebeneinander verwendet werden.

Druck: Firmengruppe APPL, aprinta Druck, Wemding

1. Auflage, 1. Druck 2016
Arbeitsheft 6 mit interaktiven Gratis-Übungen
978-3-06-067393-3

1. Auflage, 1. Druck 2016
Arbeitsheft 6 mit interaktiven Online-Übungen
978-3-06-067399-5

PEFC zertifiziert
Dieses Produkt stammt aus nachhaltig bewirtschafteten Wäldern und kontrollierten Quellen
www.pefc.de
PEFC/04-32-0928

Seite 5

Gespensterjäger auf eisiger Spur *Cornelia Funke*

1 *So könnte deine Lösung aussehen:*
„,Aaaaaahoooo!', stöhnte es ihm aus der Finsternis entgegen. Kalter, modrig stinkender Atem strich ihm übers Gesicht. Und eisige Finger packten seinen Hals." (Z. 23 f.)

Begründung: Diese Textstelle wirkt besonders unheimlich, weil hier mit Adjektiven, Verben, wörtlicher Rede und der Darstellung der Sinneswahrnehmungen der Figur eine unheimliche Atmosphäre erzeugt wird.

2 a), b) *So könnte deine Lösung aussehen:*
→ s. Tabelle unten

3 *So könnte deine Lösung aussehen:*

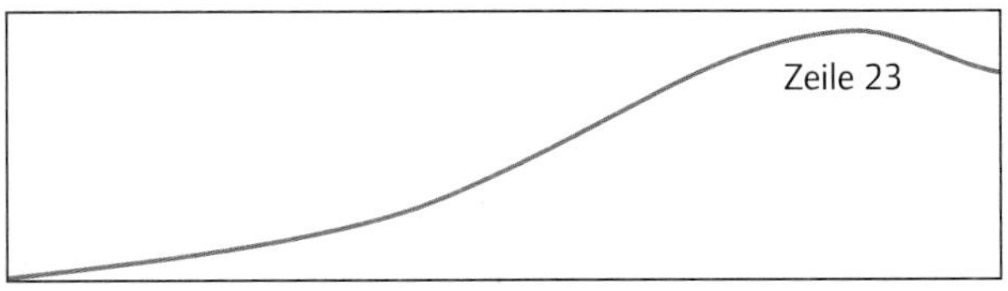

4 *So könnte deine Lösung aussehen:*
„Es läuft mir hinterher!", dachte Tom und sein Gesicht erstarrte vor Angst, als er das Gespenst auf der letzten Stufe der Kellertreppe sah. Das Gespenst wimmerte entsetzlich: „Wuuhu! Wuuhu!" Tom fühlte einen kalten Schauer, der seinen ganzen Körper durchzog. Es fühlte sich an wie ein Sprung ins kalte Wasser. Er rannte los, die Treppe nach oben, noch eine Treppe höher, durch das ganze Treppenhaus. Doch das Gespenst folgte ihm. Er hörte es über die Treppenstufen streifen. Es war ihm immer auf den Fersen. Er blickte sich kurz um und sah über das Treppengeländer, wie ihm etwas Flatterndes folgte. „Was soll ich tun?", überlegte er. „Mir bleibt nichts anderes übrig, als das Gespenst zur Rede zu stellen." Er drehte sich um. Plötzlich blieb da auch das Gespenst stehen und wich einen Schritt zurück. Unter einem weißen Umhang sah er zwei Schuhe hervorstehen. „Das ist ja gar kein Gespenst!", rief Tom verblüfft.

Tabelle zu Seite 5, Aufgabe 2

Handlungsbaustein	**Ort, Zeit, Handlung**	**Spannung** *Wie wird Spannung erzeugt?*
Ausgangssituation der Hauptfigur Z. 1–18	Keller, Nachmittag; Tom soll etwas aus dem Keller holen und geht hinunter; Glühbirne zerplatzt; Kellertür geht zu	– Adjektive: z. B. spärlich (Z. 7), scheußlich (Z. 9), modrig (Z. 10), jämmerlich (Z. 13), mutterseelenallein (Z. 16), pechschwarz (Z. 16) – Verben: z. B. quietschte (Z. 8), gähnte (Z. 10) – wörtliche Rede: „Ganz ruhig!", dachte er. (Z. 17) – Sinneswahrnehmungen: modrig riechende Schwärze (Z. 10)
Problem der Hauptfigur Z. 19–40	Toms Schuhe kleben am Boden fest; ein Gespenst taucht auf und erschreckt Tom; Tom kann durch die Kellertür vor dem Gespenst fliehen.	– Adjektive: z. B. eisig (Z. 24), giftgrün (Z. 29), höhnisch (Z. 29), entsetzlich (Z. 32) – Vergleiche: trocken wie Schmirgelpapier (Z. 19) – Sinneswahrnehmungen: Er hörte seinen eigenen Atem. Und dann ein leises Rascheln. [...] (Z. 20) Kalter, modrig riechender Atem strich ihm übers Gesicht. Und eisige Finger packten seinen Hals. [...] (Z. 23 f.) – sprachliche Bilder: Eisfinger (Z. 27)
Lösungsversuch der Hauptfigur	*So könnte die Handlung weitergehen:* Das Gespenst folgt Tom in den Flur und durch das Wohnhaus; Tom überlegt sich, dass er das Gespenst zur Rede stellen sollte.	*So könnte in der Fortsetzung Spannung erzeugt werden:* – Adjektive: mutig, ängstlich, still, blitzschnell, unsicher – Verben: schleichen, streifen, hasten, (das Herz) rast/klopft (schnell) – Sinneswahrnehmungen: etwas über den Boden streifen hören, etwas Flatterndes sehen
Ende	Das Gespenst wird enttarnt; jemand hat sich verkleidet, um Tom zu erschrecken.	– Verben: enttarnen, überraschen – Signalwörter: plötzlich, auf einmal, da – wörtliche Rede: „Das ist gar kein Gespenst!"

Seite 6

1 a) *So könnte deine Lösung aussehen:*
Ich finde die Fortsetzung A am spannendsten, weil man sich gut in Tom hineinversetzen und seine Angst nachvollziehen kann.

b) *So könnte deine Lösung aussehen:*
Textstellen: Z. 1: „Mit einem Schlag war es still. Totenstill."; Z. 2: „knarrte"; Z. 2–3: „Mit schlotternden Knien [...]"; Z. 3: „Nur weg! Weg!"; Z. 5: „hämmerte"
- Wiederholungen, Verwendung von Ausrufesätzen erzeugt Spannung
- unheimliche Stimmung durch geeignete Adjektive, Verben und Signalwörter
- körperliche Reaktionen der Figur dargestellt

c) *So könnte deine Lösung aussehen:*
Variante B ist zu kurz (nur Aussagesätze). Die Verben (z. B. *lief*) und Adjektive (z. B. *schnell*) erzeugen zu wenig Spannung. Die Gedanken und Gefühle werden nicht dargestellt.
Variante C ist zu ausschweifend. Kurze Sätze fehlen (z. B. Z. 1–2).

Seite 7

2 a) *So könnte deine Lösung aussehen:*
Unheimliche Geräusche: knarzen, wimmern, quietschen, pfeifen, knarren, kratzen, knacken

b) *So könnte deine Lösung aussehen:*
Die Dielen knarzten, als sie das alte, verlassene Haus betrat. / Er dachte, er wäre allein, doch plötzlich hörte er jemanden in der Küche wimmern. / Das Tor quietschte, als er es langsam öffnete. / Der Wind pfiff durch die undichten Wände. / Etwas kratzte an der Tür. / In den Gebüschen am Wegesrand hörte er etwas knacken.

3 *So könnte deine Lösung aussehen:*
dunkel – düster, stockdunkel, schwarz wie die Nacht
leise – still, flüsternd, wispernd
groß – riesig, riesengroß, bedrohlich, von riesenhafter Gestalt
langsam – Schritt für Schritt, sich vorantastend
leuchtend – blendend, hell wie der Mond, grell

4 *So könnte deine Lösung aussehen:*
Lukas war mutterseelenallein zu Hause. Nachts, er schlief schon, weckte ihn plötzlich etwas auf. Es war stockdunkel. Lukas fühlte sich mulmig. Irgendetwas stimmte nicht. Der Mond schien außergewöhnlich hell durch das Fenster und blendete ihn. Auf einmal hörte er auf dem Dachboden etwas knacken. Ein Schauer fuhr ihm kalt über den Rücken. Er zitterte.

Seite 8

1 *So könnte deine Lösung aussehen:*
- an einigen Stellen spannend, z. B. Z. 6 f. (Gedanken der Figur)
- an einigen Stellen nicht spannend, weil passende Verben und Signalwörter fehlen
- Gedanken und Gefühle der Figuren zu wenig dargestellt

2 *So könnte deine Lösung aussehen:*
Weitere Textstellen, die überarbeitet werden müssen:

Z. 16: Tom erschrak. (genauer)

Z. 17: Lola fand das nun doch auch unheimlich. (genauer: Gedanken, Gefühle)

Z. 17–18: Hinter dem Regal kam etwas hervor und ging an den beiden vorbei. (passenderes Verb, Signalwort)

Z. 18–19: Dabei fasste es Toms Arm und lachte. (passenderes Verb; genauer)

Z. 19: Tom und Lola erschraken. (genauer)

Z. 20–21: Es blieb an einer großen Kiste hängen, und als der weiße Umhang herabfiel, ... (Signalwort, kürzer)

Überarbeitung:
„Nichts wie fort hier!", dachte sich Tom und rannte in die Wohnung zurück.
Seine Schwester Lola öffnete auf sein Klopfen hin die Tür.
Sie sah, dass er außer Atem war, und wunderte sich, dass er so blass war. „Da ist etwas Furchtbares im Keller!", stammelte er. Lola musste lachen und überredete ihn, mit ihr gemeinsam noch einmal in den Keller zu gehen. War es dort tatsächlich unheimlich oder hatte ihr Bruder zu viele Gruselgeschichten gelesen? Doch als sie vor der Kellertür standen, wurde auch Lola nervös. Was, wenn Tom recht hat? Sie fühlte, wie ihre Knie weich wurden. Auch Tom wurde mulmig: Was soll ich nur tun? Lola glaubt mir nicht. Wenn sie nur wüsste, was sich hinter dieser Tür verbirgt. Am liebsten wollte er weglaufen: Soll sie doch allein hineingehen! Da nahm Lola ihn an der Hand und öffnete langsam die Kellertür. Es war stockduster. Schritt für Schritt betraten sie den Kellerraum und hinter ihnen fiel plötzlich mit einem lauten Knall die Tür zu. Irgendwo in der Nähe hörten sie etwas über den Kellerboden huschen. Eine Spinne krabbelte an einem Spinnenfaden dicht vor ihnen von der Decke. Tom stolperte vor Schreck zurück. Auch Lola fuhr es kalt über den Rücken: Schnell wieder raus! Doch auf einmal kam etwas hinter dem Regal hervor und rauschte an den beiden vorbei. Es griff nach Toms Arm und lachte grell. Toms Herz raste vor Angst. Lola blieb wie angewurzelt stehen. Das Gespenst flatterte weiter, doch da fiel auf einmal ein weißer Umhang herab und die beiden erkannten ...

Seite 9

1 a) *So könnte deine Lösung aussehen:*

Handlungs-baustein	**Ort, Zeit, Handlung**	**Spannung** *Wie wird Spannung erzeugt?*
Ausgangs-situation der Hauptfigur	– am frühen Morgen, am Meer – junge Frau beschließt, auf die Insel zu fahren – Fischer fährt sie hinüber	– Adjektive: geheimnisvoll, einsam, stockduster – Verben: rauschen, knacken – Vergleiche: wie riesenhafte Gestalten
Problem der Hauptfigur	– schwebende Gestalten aus allen Ecken des Waldes kommen auf sie zu – die Frau rennt fort, gelangt zu den Felsen – irrt durch ein Labyrinth an Gängen	– Adjektive: totenblass, eiskalt, unsicher – Wendungen: Herz rast vor Angst, ein Schauer fährt ihr über den Rücken
Lösungs-versuch der Hauptfigur	– geht langsam weiter, sieht ein schwaches Licht am Ende eines Ganges	Gedanken: Eine Öffnung im Felsen!
Ende	– gelangt hinaus und zu dem Fischerboot	körperliche Reaktion: atmet erleichtert auf

b) *So könnte deine Lösung aussehen:*
Eine junge Frau zog in ein Haus am Meer. Von ihrem Küchenfenster aus blickte sie jeden Tag auf eine geheimnisvolle einsame Insel. An einem frühen Morgen beschloss sie, diese Insel zu besuchen, um zu sehen, was sich darauf befindet. Sie ließ sich von einem Fischer hinüberfahren, der sich jedoch weigerte, die Insel zu betreten. Hohe Bäume wie riesenhafte Gestalten standen am Ufer der Insel. Sie betrat den kleinen Wald. Es war stockduster. Der Wind rauschte durch die Bäume. Auf dem Boden knackte es bei jedem Schritt, den sie machte. Ansonsten war es sehr still. Plötzlich hörte sie ein Flüstern aus verschiedenen Ecken und ein Rascheln zwischen den Bäumen. Da tauchten wie aus dem Nichts auf einmal schwebende Gestalten auf, halb durchsichtig und totenblass. Sie kamen auf die Frau zu und immer näher und näher. Ihr Herz begann zu rasen vor Angst. Sie rannte und rannte, gelangte aus dem Wald und stand vor hohen Felsen. Da entdeckte sie eine Öffnung in dem Felsen und kletterte hinein. Ängstlich blickte sie sich um: Ein Labyrinth aus Gängen! Von draußen hörte sie noch fern das Rauschen der Bäume und rannte weiter ohne einen Blick zurück. Als sie merkte, dass ihr niemand folgt, wurde ihr bewusst, dass sie sich verlaufen hatte. Alle Gänge schienen ihr gleich zu sein, dunkel und ohne Ende. Eiskalt war es hier, der Boden nass, an den Wänden krabbelten Spinnen entlang und spannen ihre Netze. Ein Schauer fuhr ihr über den Rücken. Unsicher stand sie da, zitternd. Langsam ging sie weiter und entdeckte ein schwaches Licht am Ende des Ganges: Eine Öffnung im Felsen! Sie gelangte nach draußen und fand den Fischer mit seinem Boot. Erleichtert atmete sie auf.

Seite 10

1 Pro: Mutter, Schüler
Kontra: Lehrerin, Vater, Schülerin

2 a) und b) *Markierungen: Meinung, Argument, Beispiel*
„Ich finde nicht, dass alle Schüler/-innen schon ein Smartphone besitzen müssen. In der Freizeit stehlen die Geräte viel Zeit, ohne dass man es merkt. Viele sind beispielsweise ständig online und verplempern ihre Zeit, indem sie endlos Nachrichten schreiben oder soziale Netzwerke nutzen." (Lehrerin)

„Meiner Meinung nach sollten erst Jugendliche ein Smartphone besitzen. Kinder sind noch zu unerfahren und könnten auf Internetseiten landen, die nicht für sie geeignet sind." (Vater)

„Kinder müssen lernen, mit modernen Medien umzugehen. Ein bewusster Umgang mit dem Smartphone hilft dabei." (Mutter)

„Ohne Smartphone ist man der absolute Außenseiter." (Schüler)

„Ein Smartphone verführt einen dazu, ständig aufs Display zu starren und alles um sich herum zu vergessen. Deshalb finde ich es nicht gut, wenn schon zu junge Kinder ein Smartphone haben." (Schülerin)

c) *So könnte deine Lösung aussehen:*
„Ohne Smartphone ist man der absolute Außenseiter, weil man von vielem, was über das Internet geregelt wird, ausgeschlossen wird. Wir vereinbaren in der Klasse zum Beispiel viele Termine über soziale Netzwerke. Ohne ein Smartphone wäre das nicht mehr möglich." (Schüler)

Seite 11

3 a) und b) *Markierungen:* Meinung, Argument, Beispiel

A Ein Smartphone gehört nicht in die Schule! Ständig online zu sein bedeutet auch, ständig abgelenkt zu sein. Das wird auch immer wieder im Unterricht bemerkbar, in dem fast täglich Smartphones eingesammelt werden müssen. (Lehrer/-innen)

B Ich bin gegen Smartphones, da es immer wieder zu Fällen von Cybermobbing kommt. An vielen Schulen haben einige Schülerinnen und Schüler schon Videos und Fotos online gestellt und andere bloßgestellt. (Schulleitung)

C Wenn es nach mir geht, brauchen Schülerinnen und Schüler kein Smartphone. Vor allem die verschiedenen Chat-Dienste üben einen starken Druck aus. Auch an unserer Schule sind die ausgeschlossen, die da nicht mitmachen – auch am Nachmittag, in ihrem Privatleben. (Eltern)

D Ein Smartphone ist auch im Unterricht sinnvoll. Die Schülerinnen und Schüler können schnell etwas im Internet recherchieren, ohne in den Computerraum gehen zu müssen. Das ist zum Beispiel bei Projektarbeiten nützlich. (Lehrer/-innen)

E Ich finde, dass auch schon Kinder ein Smartphone brauchen. Es kann ihnen im Alltag bei organisatorischen Problemen helfen. Fahrschüler können bei Verkehrsproblemen nach Alternativen suchen. (Eltern)

4 a) *So könnte deine Lösung aussehen:*

Pro:
- Smartphones im Unterricht meistens ausgeschaltet (Lehrer/-innen)
- Einsatz von Smartphones für die Internet-Recherche im Unterricht sinnvoll (Lehrer/-innen)

Pro:
- Möglichkeit, mit dem Smartphone über soziale Netzwerke Termine abzusprechen (Eltern, Lehrer/-innen)
- Umgang mit Chat-Diensten soll gelernt werden (Eltern)

Kontra:
- mittels Smartphone oft Cybermobbing, auch außerhalb der Schulzeit (Eltern, Schulleitung)

Kontra:
- Smartphones könnten in Prüfungen für Täuschungsversuche genutzt werden (Lehrer/-innen).

Pro/Kontra:
- Mit einem Smartphone ständig erreichbar zu sein, kann praktisch aber auch stressig sein.

b) und c) *So könnte deine Lösung aussehen:*
Meiner Meinung nach brauchen Kinder ein Smartphone, weil es im Unterricht gut zur Internet-Recherche eingesetzt werden kann. Wenn beispielsweise bei der Vorbereitung auf ein Referat etwas nachgesehen werden muss, müssen Schüler/-innen nicht extra in den Computerraum gehen, sondern können ihr Smartphone verwenden.

→ Mit dieser Argumentation könnten Lehrer/-innen überzeugt werden, weil sie ein Interesse daran haben, dass ihre Schüler/-innen mit modernen Medien umgehen und selbstständig Lernprobleme lösen.

Kinder brauchen meiner Ansicht nach kein Smartphone, denn immer wieder kommt es dadurch zu Fällen von Cybermobbing auch außerhalb der Schulzeit. Gerade in der letzten Woche wurde wieder ein Mädchen aus unserer Klasse über einen Chat-Dienst bloßgestellt.

→ Mit dieser Argumentation könnten Eltern überzeugt werden, weil sie sich häufig Sorgen um ihre Kinder machen und sie vor negativen Erlebnissen schützen wollen.

Seite 12 f.

1 Wer viel Zeit mit Computerspielen verbringt, verpasst viel
Gute Computerspiele können eine anregende Freizeitbeschäftigung sein. Viele Computerspiele fördern jedoch nicht die Kreativität, man braucht dabei nicht einmal viel nachzudenken. Verbringt man sehr viel Zeit am Computer, wirkt sich das schlecht auf diese Fähigkeiten aus. Bestimmte Spiele sind für Kinder und Jugendliche ohnehin nicht geeignet. Hinzu kommt, dass viele zu lange am Computer sitzen. Das ist schlecht für die Gesundheit, weil man sich zu wenig bewegt. Zudem hat man weniger Zeit, sich mit anderen zu treffen, seine Freizeit kreativ zu gestalten, Sport zu machen oder ein Instrument zu lernen. Meiner Meinung nach sollte man daher möglichst wenig Zeit mit Computerspielen zubringen.

2 *So könnte deine Lösung aussehen:*
Ich bin der Meinung, dass Computerspiele nicht schädlich sind, weil sie die Kreativität fördern können.

Ich denke, dass Computerspiele schädlich sind, weil viele zu lange vor dem Computer sitzen und dadurch Freundschaften vernachlässigen.

3 a) *So könnte deine Lösung aussehen:*
Der Text über die Gefahren von Computerspielen hat mich angesprochen, weil das Thema auch in meinem Alltag eine wichtige Rolle spielt.

b) *So könnte deine Lösung aussehen:*
Meiner Meinung nach geht von Computerspielen keine Gefahr aus, weil die Nutzer in der Regel zwischen Spiel und Wirklichkeit unterscheiden können. So kann man bei einem spannenden Spiel kurzzeitig „abtauchen", sich entspannen und danach wieder anderen Freizeitbeschäftigungen wie Sport oder Treffen mit Freunden nachgehen.

Ich bin der Ansicht, dass man mit Computerspielen vorsichtig umgehen muss, da sie sich schlecht auf die Gesundheit auswirken können. Wer viel Zeit vor dem Computer verbringt, bewegt sich beispielsweise weniger, und wer sich zu wenig bewegt, hat oft ein schlechteres Immunsystem und wird häufiger krank.

c) *So könnte deine Lösung aussehen:*

[3] Computerspiele sind aus dem Alltag von Kindern und Jugendlichen nicht mehr wegzudenken.

[2] Verbote oder Beschränkungen sorgen nur dafür, dass Computerspiele auch für die interessant werden, die gar nicht spielen wollen.

[1] Gut gemachte Computerspiele können die Fantasie und Kreativität anregen.

d) *So könnte deine Lösung aussehen:*
Zusammenfassend bin ich der Meinung, dass Computerspiele keinerlei negative Auswirkungen auf Kinder und Jugendliche haben. Sie gehören für die meisten Nutzer zum Alltag und können durchaus die Kreativität fördern.

4 *So könnte deine Lösung aussehen:*
Pro:
Der Text über die Gefahren von Computerspielen hat mich angesprochen, weil das Thema auch in meinem Alltag eine wichtige Rolle spielt.
Meiner Meinung nach geht von Computerspielen keine Gefahr aus, weil die Nutzer in der Regel zwischen Spiel und Wirklichkeit unterscheiden können. So kann man bei einem spannenden Spiel kurzzeitig „abtauchen", sich entspannen und danach wieder anderen Freizeitbeschäftigungen wie Sport oder Treffen mit Freunden nachgehen. Wichtig ist, dass gut gemachte Computerspiele die Fantasie und Kreativität von Kindern und Jugendlichen anregen können. Viele der Spiele sind beispielsweise darauf angelegt, gemeinsam

mit anderen „Probleme“ zu lösen und das möglichst kreativ. Außerdem sorgen Verbote oder Beschränkungen eigentlich nur dafür, dass Computerspiele auch für die interessant werden, die gar nicht spielen wollen. So weckt beispielsweise Musik, die verboten wurde, besonders das Interesse und findet meist viele Käufer. Am wichtigsten ist meiner Meinung nach aber, dass Computerspiele aus dem Alltag von Kindern und Jugendlichen nicht mehr wegzudenken sind. Viele Nutzer gehen beispielsweise ganz normal damit um und spielen Computerspiele so, wie sie Sport treiben oder Freunde treffen. Zusammenfassend bin ich der Meinung, dass Computerspiele keinerlei negative Auswirkungen auf Kinder und Jugendliche haben. Sie gehören für die meisten Nutzer zum Alltag und können durchaus die Kreativität fördern.

Kontra:
Der Text über die Gefahren von Computerspielen hat mich angesprochen, weil das Thema auch in meinem Alltag eine wichtige Rolle spielt.
Ich bin der Ansicht, dass man mit Computerspielen vorsichtig umgehen muss, da sie sich schlecht auf die Gesundheit auswirken können. Wer viel Zeit vor dem Computer verbringt, bewegt sich beispielsweise weniger, und wer sich zu wenig bewegt, hat oft ein schlechteres Immunsystem und wird häufiger krank. Es ist außerdem das Argument anzuführen, dass es auch viele Computerspiele gibt, die nicht gut gemacht sind und nicht die Kreativität fördern. Am wichtigsten ist aber, dass man weniger Zeit für anderes hat. Viele sitzen zu lange vor dem Computer und vernachlässigen dadurch zum Beispiel Freundschaften.
Zusammenfassend gesehen bin ich der Meinung, dass Computerspiele schädlich sein können, da durch diese weniger Zeit für andere Hobbys, Sport und Freunde bleibt.

Seite 14

1 a) und b) *Passende Formulierungen in der richtigen Reihenfolge:*
den Ball dribbeln, mit einem Fuß ausholen, denselben Fuß im Kreis um den Ball bewegen, den Ball anhalten, in eine andere Richtung weiterdribbeln

Seite 15

2 a), b) und c)

Einen Übersteiger durchführen
Um einen Übersteiger durchführen zu können, dribbelt man den Ball zuerst. ~~Nun beginnt der eigentliche Trick, der gar nicht so schwer nachzumachen ist. Er ist sogar ganz einfach, denn er geht so:~~ Mit einem Fuß muss man dann ausholen. Um den Gegner auszutricksen, bewegt man anschließend denselben Fuß im Kreis um den Ball. Diesen muss man danach anhalten, damit er nicht wegrollt. ~~Ganz einfach ist dann der letzte Schritt:~~ Man dribbelt den Ball zum Schluss in eine andere Richtung weiter. ~~Damit kannst du den Spieler der Gegenmannschaft mit Sicherheit austricksen!~~

d) Um einen Übersteiger durchführen zu können, dribbele den Ball zuerst. Hole dann mit einem Fuß aus. Bewege anschließend, um den Gegner auszutricksen, denselben Fuß im Kreis um den Ball. Halte diesen danach an, damit er nicht wegrollt. Dribbele zum Schluss den Ball in eine andere Richtung weiter.

Seite 16

1 a)

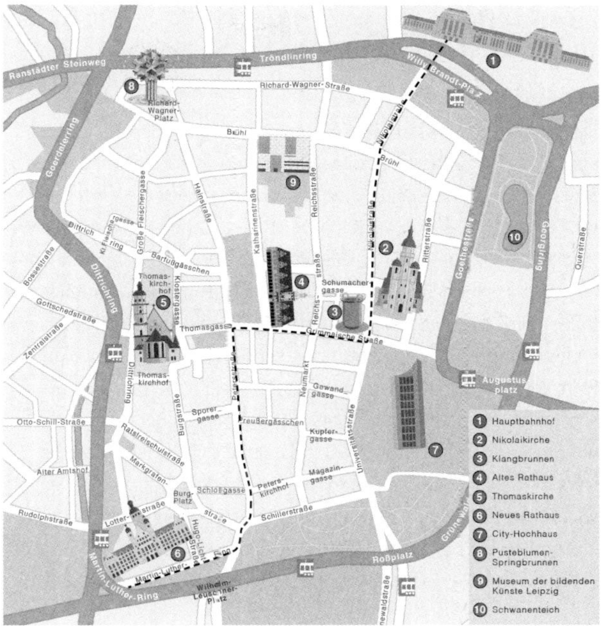

b) *So könnte deine Lösung aussehen:*
Diese Wegbeschreibung ist gelungen, weil …
- ein Startpunkt genannt wird.
- der Weg in Teilstücken beschrieben wird.
- Orientierungspunkte auf dem Weg genannt werden.
- Richtungsangaben abwechslungsreich verwendet werden.
- unterschiedliche Wörter verwendet werden, die die Reihenfolge der Schritte ausdrücken.
- überflüssige Informationen und persönliche Wertungen weggelassen werden.
- der Weg ohne Probleme auf dem abgebildeten Plan nachvollzogen werden kann.

Seite 17

2 *So könnte deine Lösung aussehen:*

Textstellen, die verbessert werden müssen:
Gehen Sie zunächst von der Thomaskirche in die Straße. Gehen Sie dann in die Grimmaische Straße und anschließend gehen Sie zum Neumarkt. Daraufhin gehen Sie in die Kupfergasse bis zur Universitätsstraße. Hier gehen Sie rechts bis zur nächsten Querstraße. Diese gehen Sie schließlich hinein und weiter. Auf der Seite sehen Sie das City-Hochhaus.

Überarbeitungsvorschlag:
Starten Sie an der Thomaskirche. Gehen Sie dann in die Thomasgasse, die Sie bis zur Grimmaischen Straße geradeaus durchlaufen. Biegen Sie anschließend rechts in den Neumarkt ein und gehen Sie diesen bis zur Kupfergasse. Biegen Sie daraufhin links in die Kupfergasse ein und laufen diese geradeaus weiter bis zur Universitätsstraße. Gehen Sie nun rechts die Straße hinunter und biegen Sie in die nächste Querstraße links ein. Auf der linken Seite sehen Sie das City-Hochhaus.

3 a) *So könnte deine Lösung aussehen:*
1. Startpunkt: Thomaskirche, 2. Thomasgasse, 3. Grimmaische Straße, 4. City-Hochhaus, 5. Goethestraße, 6. Schwanenteich, 7. Brühl, 8. Richard-Wagner-Platz, 9. Richard-Wagner-Straße, 10. Nikolaistraße, 11. Willy-Brandt-Platz, 12. Ziel: Hauptbahnhof

b) *So könnte deine Lösung aussehen:*
Starten Sie zunächst an der Thomaskirche und gehen Sie geradeaus in die Thomasgasse. Laufen Sie diese und die Grimmaische Straße entlang, bis Sie auf die Goethestraße stoßen. Auf der rechten Seite befindet sich das City-Hochhaus. Gehen Sie vom City-Hochhaus aus geradeaus in die Goethestraße. Wenn Sie diese entlanglaufen, sehen Sie auf der rechten Seite den Schwanenteich. Biegen Sie anschließend links in den Brühl ein, den Sie bis zum Richard-Wagner-Platz, der auf der rechten Seite liegt, durchlaufen. Dort befindet sich der Pusteblumen-Springbrunnen. Laufen Sie schließlich um den Richard-Wagner-Platz herum und biegen Sie rechts in die Richard-Wagner-Straße ein, die Sie bis zur zweiten Querstraße links entlanglaufen. Biegen Sie dort links in die Nikolaistraße ein, bis Sie zum Willy-Brandt-Platz gelangen. Direkt gegenüber sehen Sie bereits den Leipziger Hauptbahnhof. Wenn Sie zum Schluss den Willy-Brandt-Platz überqueren, sind Sie am Ziel.

Seite 19

1
[4] Jana läuft in eine Bankreihe und stolpert.
[5] Jana fällt über eine Bank auf ihren Ellenbogen.
[1] Schüler/-innen der 6 a und 6 b spielen Fußball gegeneinander.
[3] Jana verfolgt den Ball und läuft rückwärts.
[2] Lukas passt den Ball zu Jana.

2 *So könnte deine Lösung aussehen:*

UNFALLANZEIGE

Name, Vorname des Versicherten: Köster, Jana

– **Was** ist passiert?	Unfall während des Fußballspiels, Verletzung am Ellenbogen
– **Wann** hat sich der Unfall ereignet? (Datum und Uhrzeit)	Samstag, 27. 06. 15, 14:35 Uhr
– **Wo** hat sich der Unfall ereignet?	Fußballplatz der Erich-Kästner-Schule
– **Wer** war am Unfall beteiligt?	Jana Köster, Lukas Jansen, Zuschauer/-innen

– **Wie** lief das Unfallgeschehen genau ab? (genaue Schilderung des Unfallhergangs)
Beim Sportfest der Erich-Kästner-Schule kam es am Samstag, dem 27. 06. 15, um 14:35 Uhr, zu einem Unfall. Der Vorfall ereignete sich während des Fußballspiels zwischen den Schüler/-innen der 6 a und 6 b auf dem Sportplatz. Während des Spiels passte Lukas Jansen den Ball zu Jana Köster (beide 6 b). Jana verfolgte daraufhin den Ball, lief rückwärts in eine Bankreihe und stolperte. Schließlich fiel sie über eine der Bänke auf ihren Ellenbogen. Sie wurde ins Krankenzimmer geführt, wo ihr Arm dick wurde.

– **Warum** ist der Unfall passiert?	Jana Köster lief rückwärts auf eine der Bankreihen zu und stolperte über eine der Bänke.
– **Welche** Folgen hatte der Unfall?	verstauchter Ellenbogen; Jana Köster muss mit dem Fußballspielen bis auf Weiteres aussetzen

Seite 20

3/4 *So könnte deine Lösung aussehen:*
Markierungen: Was geschah zunächst? Was geschah gleichzeitig? Was geschah danach?
Beim Sportfest der Erich-Kästner-Schule kam es am vergangenen Samstag um 14:35 Uhr zu einem Unfall. Der Vorfall hat sich während des von allen lange erwarteten Fußballspiels zwischen der 6 a und der 6 b auf dem Sportplatz ereignet. Wie im letzten Schuljahr konnte damit auch dieses Sportfest nicht unfallfrei ablaufen. Während des Fußballspiels spielte Lukas Jansen zunächst seine Klassenkameradin Jana Köster an (beide 6 b). Dabei ist der Ball in einem riesigen Bogen durch die Luft geflogen. Unhaltbar für die Schülerin. Jana lief daraufhin rückwärts und versucht mit allen Mitteln, den Ball zu bekommen. Anschließend ist sie in die Bankreihen mit den Zuschauerinnen und Zuschauern gerannt, gestolpert und danach rückwärts über eine der Bänke gefallen. Jana Köster wurde schließlich von ihren Eltern abgeholt und dann zum Arzt gefahren. Der Sturz verursachte eine Verstauchung des rechten Ellenbogens. „Jana hat insgesamt ein Riesenglück gehabt! Sie hätte sich den Arm bei solch einem Sturz auch brechen können!", so die Einschätzung des Arztes.

5 während er den Ball zuspielte – während des Zuspielens
indem sie den Ball verfolgte – durch das Verfolgen des Balls
weil die Schülerin stolperte – wegen des Stolperns der Schülerin
nachdem die Eltern informiert wurden – nach dem Informieren der Eltern
als er den Arm untersucht hatte – nach dem Untersuchen des Arms
obwohl der Sturz schwer war – trotz der Schwere des Sturzes

Seite 21

6 Es kam zu einem Unfall, während ein Fußballspiel stattfand.
Sie konnte den Ball nicht halten, weil der Ball sehr hoch flog.
Die Schülerin versuchte, den Ball zu halten, indem sie rückwärtslief.
Die Schülerin verletzte sich, da sie über eine Bank stolperte.
Die Eltern wurden informiert, sodass sie die Tochter abholen konnten.
Nachdem der Arzt die Verletzung untersucht hatte, stellte er eine Verstauchung fest.

7 *So könnte deine Lösung aussehen:*
Beim Sportfest der Erich-Kästner-Schule kam es am vergangenen Samstag um 14:35 Uhr zu einem Unfall. Der Vorfall ereignete sich während des Fußballspiels zwischen der 6 a und der 6 b auf dem Sportplatz. Während des Fußballspiels spielte Lukas Jansen zunächst seine Klassenkameradin Jana Köster an. Dabei flog der Ball durch die Luft. Jana Köster lief daraufhin rückwärts und versuchte, den Ball zu bekommen. Anschließend rannte sie in die Bankreihen mit den Zuschauerinnen und Zuschauern, stolperte und fiel danach rückwärts über eine der Bänke. Jana Köster wurde schließlich von ihren Eltern abgeholt und dann zum Arzt gefahren. Der Sturz verursachte eine Verstauchung des rechten Ellenbogens.

Seite 22

Der Fuchs und der Bock im Brunnen *Äsop*

1 a) *So könnte deine Lösung aussehen:*
Textstelle: Z. 26–29

b) *So könnte deine Lösung aussehen:*
Diese Textstelle finde ich wichtig, weil hier die Moral der Fabel deutlich wird. Der Ziegenbock hätte vor seinem Sprung in den Brunnen über die Folgen dieses Verhaltens nachdenken sollen.

3 a), b) und c)

	Fuchs	Ziegenbock
Verhalten	lockt Ziegenbock in den Brunnen; macht Vorschlag; verweigert Hilfe; verhöhnt den Ziegenbock	fragt nach dem Wasser; springt in den Brunnen; hilft dem Fuchs hinaus; macht ihm Vorwürfe
Beweggrund	benötigt Hilfe des Ziegenbocks	hört von dem frischen Wasser; benötigt Hilfe des Fuchses; vertraut dem Fuchs
Ziel	will aus dem Brunnen hinaus	will von dem Wasser trinken; will aus dem Brunnen hinaus

4 a) *So könnte deine Lösung aussehen:*
erleichtert · zufrieden · enttäuscht · belustigt · beleidigt · hilflos · traurig · nachdenklich · wütend · ängstlich · rachsüchtig · einsam · gelangweilt · aufgeregt

b) *So könnte deine Lösung aussehen:*
Was habe ich mir bloß dabei gedacht? So etwas Dummes! Ich wollte doch nur das Wasser probieren, das wirklich köstlich geschmeckt hat. Aber dass mich der Fuchs dann so ausnutzt! Hätte ich mir das nicht denken können? Nun hocke ich hier im Brunnen und weiß nicht weiter. Und oben sitzt der Fuchs und macht sich über mich lustig. Es ist so ungerecht!

Seite 23

2 a) und b) *So könnte deine Lösung aussehen:*

Ausgangssituation	**Rede/Aktion und Gegenrede/Reaktion**	**Ende**
Z. 1–3 – Fuchs ist in Brunnen gefallen – kommt aus eigener Kraft nicht hinaus – Ziegenbock sieht Fuchs im Brunnen	Z. 4–20 – Ziegenbock fragt nach dem Wasser – Fuchs lobt das Wasser – Ziegenbock springt in den Brunnen – Fuchs macht Vorschlag, wie sie hinauskommen – Ziegenbock hilft dem Fuchs hinaus	Z. 21–29 – Fuchs hilft dem Ziegenbock nicht – Ziegenbock macht Fuchs Vorwürfe – Fuchs macht Ziegenbock selbst für dessen Missgeschick verantwortlich

Seite 24

Der Löwe und die Maus *Äsop*

1 **a)** *So könnte deine Lösung aussehen:*
Die mutige Maus

b) *So könnte deine Lösung aussehen:*
Ich habe mich für diese Überschrift entschieden, weil sie eine der Hauptfiguren mit ihrer wichtigsten Eigenschaft nennt.

2 *So könnte deine Lösung aussehen:*
Abschnitt 1 (Z. 1–8): Tanz auf dem Löwen
Abschnitt 2 (Z. 9–13): Gefangen!
Abschnitt 3 (Z. 14–22): Das Versprechen
Abschnitt 4 (Z. 23–31): Klein rettet Groß

Seite 25

4 **a)** *So könnte deine Lösung aussehen:*
Ängstlichkeit · Mut · Frechheit · Leichtsinnigkeit · Humor · Feindseligkeit

b) *So könnte deine Lösung aussehen:*
Dass die Maus mutig ist, zeigt folgende Textstelle: „Es war jene Maus, die sich als Erste zu ihm gewagt hatte." (Z.12–13)

Dass die Maus leichtsinnig ist, zeigt außerdem folgende Textstelle: „[...] weil sich das schlafende mächtige Tier nicht bewegte, hüpfte eine der Mäuse zwischen seine Pranken." (Z. 3–5)

5 *So könnte deine Lösung aussehen:*
Wer einem anderen in der Not hilft, wird irgendwann dafür belohnt.

Seite 26

Der Herr der Winde *Waldtraut Lewin nach Homer*

1 *So könnte deine Lösung aussehen:*
Die Sage handelt von Odysseus, der mit seiner Mannschaft auf der Insel des Aiolos landet. Dieser schenkt ihm einen Schlauch, der alle ungünstigen Winde einschließt. Als die Mannschaft den Schlauch öffnet, geht ihre Irrfahrt weiter.

Seite 27

2

Bild 4	Bild 3
Bild 5	Bild 1
Bild 2	Bild 6

3

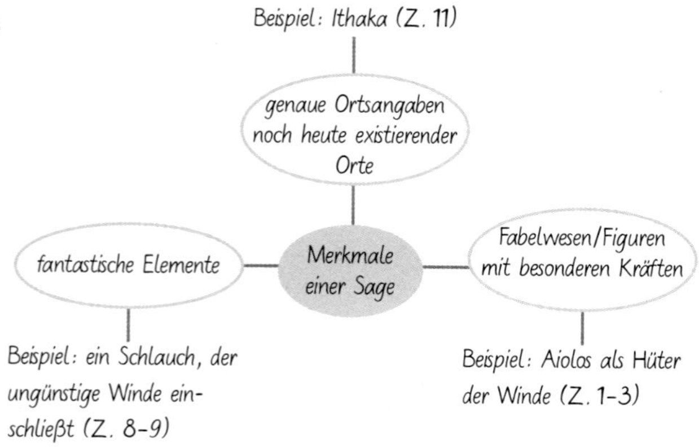

Seite 29

Odysseus bei Alkinoos *Waldtraut Lewin nach Homer*

1 *So könnte deine Lösung aussehen:*
In der Sage „Odysseus bei Alkinoos" geht es um Odysseus, der vor der Insel der Phaiaken Schiffbruch erleidet. Er wird von der Königstochter Nausikaa gefunden, die ihn zu ihrem Vater, dem König Alkinoos, bringt. Dieser lädt Odysseus, der dessen Frau um Hilfe bei der Heimreise bittet, zu einem Festmahl ein. Die Königin ist von Odysseus' stattlichem Erscheinungsbild beeindruckt und wünscht ihn sich als Ehemann für ihre Tochter. Nach Kampfspielen, bei denen sich Odysseus bewährt, werden die Taten großer Helden besungen, auch die des Odysseus. Dieser erkennt sich wieder und ist von dem Vortrag gerührt. Als er daraufhin vom König nach seinen Beweggründen gefragt wird, gibt er sich als Odysseus zu erkennen.

2 **a)** *So könnte deine Lösung aussehen:*
Aussehen/äußeres Erscheinungsbild: Z. 11: „[...] beeindruckt von der edlen Gestalt [...]", Z. 20: [...] dem stattlichen Mann [...]", Z. 21–22: „[...] überstrahlt alle Männer des Phaiakenlandes an gutem Aussehen [...]"

Handlungen und Verhalten: Z. 1: „Langsam näherte sich [...]", Z. 4–9: „Dort warf er sich [...]", Z. 29–30: „Als Odysseus hörte, wie man ihn im Lied pries, konnte er nicht mehr an sich halten. Die Tränen stürzten [...]", Z. 34–35: „Ich habe den Vortrag des Sängers sehr genossen [...]", Z. 36: „Nein, was mich bewegt hat [...]"

Lebensumstände: Z. 1: „der Schiffbrüchige", Z. 25–26: „Vor allem berichtete er von der Eroberung Trojas [...]", Z. 26–27: „[...] der den Rat gegeben hatte, das hölzerne Pferd zu bauen [...]", Z. 37–38: „[...] ich bin der Sohn des Fürsten Laertes aus Ithaka [...]"

Eigenschaften: Z. 11: „seinen wohlgesetzten Worten", Z. 22: „[...] wie wohlgesetzt er doch reden kann!", Z. 23–24: „[...] besonders im Diskuswerfen hervortat [...]", Z. 26–28: „[...] und rühmte besonders die List und die Kühnheit [...] Entschlossenheit und Klugheit ebenso bedeutend waren wie sein Mut im Kampf."

b) *So könnte deine Lösung aussehen:*
Aussehen (äußeres Erscheinungsbild): edles Aussehen (Z. 11), stattlicher Mann (Z. 20), übertrifft alle Männer der Phaiaken mit seinem Aussehen (Z. 21–22)

Verhaltensweisen: verhält sich zunächst unauffällig und vorsichtig (Z. 1, Z. 4), höflich und ergeben (Z. 4–9), von einem Lob gerührt (Z. 29–30, Z. 36), genießt Vortrag des Sängers (Z. 35)

Lebensumstände: erleidet Schiffbruch (Z. 1), hat sich den Trick mit dem hölzernen Pferd bei der Eroberung Trojas ausgedacht (Z. 26–27), Sohn des Fürsten Laertes aus Ithaka (Z. 37)

Eigenschaften: listig und kühn (Z. 26), entschlossen und klug (Z. 27), mutig (Z. 28), drückt sich gewählt aus (Z. 11, Z. 22), guter Diskuswerfer (Z. 23–24)

c) *So könnte deine Lösung aussehen:*
Odysseus besitzt eine edle Gestalt (Z. 11), ist ein stattlicher Mann (Z. 20) und allen Männern der Phaiaken in Bezug auf das Aussehen überlegen (Z. 21–22). In neuen und ungewohnten Situationen verhält er sich zunächst unauffällig und vorsichtig (Z. 1, Z. 4). Der Königin gegenüber ist er höflich und ergeben (Z. 4–9) und drückt

sich sehr gewählt aus (Z. 11, Z. 22). Von dem Lob des Sängers ist er gerührt (Z. 29–30), außerdem genießt er den Vortrag des Sängers (Z. 35).
Odysseus ist der Sohn des Fürsten Laertes aus Ithaka (Z. 37), befindet sich auf einer Irrfahrt und erleidet Schiffbruch vor der Insel der Phaiaken (Z. 1). Er wird dafür gerühmt, sich den Trick mit dem hölzernen Pferd bei der Eroberung Trojas ausgedacht zu haben (Z. 26–27). Ihn zeichnet aus, dass er listig und kühn (Z. 26), entschlossen und klug (Z. 27) und mutig (Z. 28) ist. Er ist sportlich und tut sich als guter Diskuswerfer hervor (Z. 23–24). Zudem hat er einen gewählten Ausdruck (Z. 11, Z. 22).

Seite 30

1 *So könnte deine Lösung aussehen:*
- lustig, heiter, aufgeweckt, komisch
- geräuschvoll

Seite 31

2 *So könnte deine Lösung aussehen:*
- Salamander meinen, sie würden sehr schön singen (Z. 22)
- tatsächlich machen sie viel Lärm (Vers 4, Vers 7, Vers 17–20)

3, 4b) und 5a)

Heut singt der Salamanderchor *Robert Gernhardt*

x x́ x x́x x́ x x́
Heut singt der Salamanderchor — **a**
x x́ x x́ x x́ x
die allerschönsten Lieder. — **b**
x x́ x x́ x x́ x x́
Doch da er gar nicht singen kann, — **c**
x x́ x x́ x x́ x
hallt es entsetzlich wider. — **b**

Rings um das Haus ist's warm und still,
drin schrein die Salamander.
Sie brüllen, lärmen, plärrn, krakeeln
und alle durcheinander.

Die Katze schaut ins Zimmer rein,
da wird's auf einmal leiser.
„Ich bitt' euch", sagt sie, „schreit nicht so!
Ihr seid ja schon ganz heiser!"

Die Katze geht. Es ist sehr still.
Man hört die Hummeln brummen.
Ein Kuckuck ruft. Fern bellt ein Hund.
Doch dann ertönt ein Summen.

Ein Summen erst, und dann ein Schrein –
das sind die Salamander.
Schon sind sie wieder voll in Fahrt
und brüllen durcheinander:

„Hier singt der Salamanderchor
die allerschönsten Lieder.
Auch wenn es manchem gar nicht passt:
Wir singen immer wieder!"

4 c) Jambus xx́ xx́

5 b) Dieses sprachliche Bild wird als **Personifikation** bezeichnet.

6 *So könnte deine Lösung aussehen:*
In dem Gedicht „Heut singt der Salamanderchor" von Robert Gernhardt geht es um einen Chor von Salamandern, der viel Lärm macht. Von einer Katze um Ruhe gebeten, singt er trotzdem weiter. Das Gedicht besteht aus sechs Strophen. Jede Strophe hat vier Verse. Das Reimschema lautet *ab cb*. Bei dem Metrum liegt ein Jambus vor, zum Beispiel: Heut singt [...] (xx́). Das Gedicht wirkt auf mich lustig, weil die Salamander meinen, sie würden „die allerschönsten Lieder" (Vers 22) singen, wobei sie jedoch „brüllen, lärmen, plärrn, krakeeln" (Vers 7). Sie werden wie Menschen dargestellt.

Seite 32

1 a)

Der Esel *nach Wilhelm Busch*
Es stand vor eines Hauses Tor | ein Esel mit gespitztem Ohr, | der käute sich sein Bündel Heu | gedankenvoll und still entzwei.

Nun kommen da und bleiben stehn | der naseweisen Buben zween, | die auch sogleich, indem sie lachen, | verhasste Redensarten machen, | womit man denn bezwecken wollte, | dass sich der Esel ärgern sollte.

Doch dieser hocherfahrne Greis | beschrieb nur einen halben Kreis, | verhielt sich stumm und zeigte itzt | die Seite, wo der Wedel sitzt.

1 b) und 2 b)

Der Esel *Wilhelm Busch*

x x́ x x́ x x́ x x́
Es stand vor eines Hauses Tor
x x́ x x́ x x́ x x́
Ein Esel mit gespitztem Ohr,
x x́ x x́ x x́ x x́
Der käute sich sein Bündel Heu
x x́ x x́ x x́ x x́
Gedankenvoll und still entzwei. –
Nun kommen da und bleiben stehn
Der naseweisen Buben zween,
Die auch sogleich, indem sie lachen,
Verhasste Redensarten machen,
Womit man denn bezwecken wollte,
Dass sich der Esel ärgern sollte. –

Doch dieser hocherfahrne Greis
Beschrieb nur einen halben Kreis,
Verhielt sich stumm und zeigte itzt
Die Seite, wo der Wedel sitzt.

1 c) Dieses Reimschema nennt man **Paarreim (*aa bb*)**.

2 c) Dieses Metrum heißt **Jambus (xx́ xx́)**.

3 *So könnte deine Lösung aussehen:*
Das Gedicht „Der Esel" von Wilhelm Busch handelt von einem Esel, der vor einem Haus Heu frisst. Zwei Jungen versuchen, den Esel zu ärgern, indem sie über ihn lachen und schlecht reden. Der Esel lässt sich jedoch nicht aus der Ruhe bringen.
Das Gedicht ist aufgebaut aus 14 Versen und hat das Reimschema *aa bb* (Paarreim).
Das Metrum dieses Gedichts nennt man Jambus (xx́ xx́).

4 *So könnte deine Lösung aussehen:*
Lieber Tim,
heute war ich Augenzeuge eines Vorfalls, von dem ich dir unbedingt erzählen möchte. Zwei Jungen versuchten einen Esel zu ärgern, der vor einem Haus ganz ruhig Heu fraß. Sie lachten und redeten schlecht über ihn. Der Esel jedoch drehte sich herum und zeigte ihnen seine Hinterseite! Ich finde das Verhalten der beiden Jungen, sich über das Tier lustig zu machen, nur weil sie es vielleicht für dumm halten, sehr frech! Der Esel hingegen hat sich ganz anders verhalten als man wohl erwartet hätte. Er hat sich nicht aus der Ruhe bringen lassen, obwohl die beiden Jungen dies bewirken wollten.
Viele Grüße von Lukas

Seite 33

1 *So könnte deine Lösung aussehen:*
Das Besondere des Gedichts besteht darin, dass es in Kleinbuchstaben geschrieben ist und die Satzschlusszeichen fehlen. Zudem beginnt jede Strophe mit „otto(s)" und die Wörter enthalten bis auf *o* keinen weiteren Vokal.

3 *So könnte deine Lösung aussehen:*
Annas Schaf lacht
Anna sagt: was
Schaf lacht: haha
Anna sagt: aha

Seite 35

1 *So könnte deine Lösung aussehen:*
Unterstrichene Informationen:
Sommerstipendium des Deutschen Zentrums für Luft- und Raumfahrt (DLR)
Zusammenleben mit Forschern auf engstem Raum
z. B. Tauchen, Fallschirmspringen

Begründung: Ich würde Alexander Gerst aufgrund seines Hobbys Tauchen auswählen, weil beim Tauchen ähnlich wie bei Weltraumflügen besondere Sicherheitsmaßnahmen getroffen werden müssen, um sich in extremen Höhen bzw. Tiefen aufhalten zu können. Auch sein Hobby Fallschirmspringen ist von Vorteil, da es darauf schließen lässt, dass er keine Höhenangst hat.

Man könnte Alexander Gerst auch aufgrund seines Sommerstipendiums des Deutschen Zentrums für Luft- und Raumfahrt (DLR) auswählen, da dieses zeigt, dass er sich bereits wissenschaftlich mit der Luft- und Raumfahrt beschäftigt hat. Zudem sind seine Erfahrungen im engen Zusammenleben mit Forschern von Vorteil, da er auch auf einer Raumstation eng mit anderen Astronauten zusammenleben muss.

2 In dem Text geht es darum, dass Astronauten wie Entdecker die Erde erforschen.

3 Gemeinsamkeiten zwischen Astronauten und Entdeckern:
Z. 5–9 („Astronauten sind […] zu sehen.")
Möglichkeiten der Raumfahrt:
Z. 10–12 („Die Raumfahrt […] geblieben wären.")
Tätigkeit eines Geophysikers:
Z. 14–16 („Vorher habe […] Vulkanausbrüchen schützen?")

4 **a) und b)** *So könnte deine Lösung aussehen:*
Absatz 2 (Z. 5–9): Astronauten als Entdecker
Absatz 3 (Z. 10–12): Möglichkeiten der Raumfahrt
Absatz 4 (Z. 13–16): Forschung eines Geophysikers
Absatz 5 (Z. 17–19): Forschung eines Astronauten

5 D Geophysiker, F Phänomen, A grandios, G Perspektive, E Asteroid

Seite 36

Alex goes space *Sophie Haffner*

1 *So könnte deine Lösung aussehen:*
In dem Text „Alex goes space" geht es um die Forschungsexperimente, die auf der ISS durchgeführt werden sollen.

2 **Eignung der ISS für bestimmte Versuche:**
Z. 2–3 („Aufgrund […] durchgeführt werden können.")
Bereiche, zu denen auf der ISS geforscht wird:
Z. 3–4 („Das ist […] die Medizin."),
Z. 8 („Auch für […] spannend."),
Z. 9–10 („Für die Entwicklung […] ebenfalls ideal.")
Gersts Aufgaben auf der ISS:
Z.12–14 („Wenn Alexander Gerst […] Experimente durchführen.")

3 **a) und b)** *So könnte deine Lösung aussehen:*
Abschnitt 1 (Z. 1–3): Weltraumforschung für die Erde
Abschnitt 2 (Z. 3–12): Beispiele für die Forschung auf der ISS
Abschnitt 3 (Z. 12–15): Aufgaben des Forschers Alexander Gerst

Seite 37

4 *So könnte deine Lösung aussehen:*
Disziplin (Z. 4): Wissenschaftszweig, Teilbereich einer Wissenschaft
Immunsystem (Z. 5): System der Abwehr von Krankheitserregern
(Krankheits-)Symptome (Z. 7): Anzeichen einer Krankheit
(Arbeits-)Pensum (Z. 15): Arbeit, die jemand zu erledigen hat

5 *So könnte deine Lösung aussehen:*

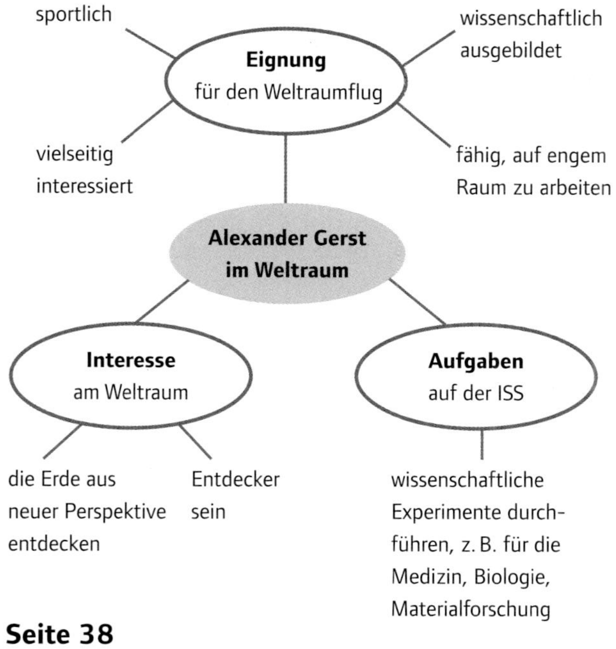

Seite 38

1 a)

Nomen	Artikel	Adjektiv	Personalpronomen	Verb
Kinder	ein	technische	ich	erforschen
(Um-)Welt	die	interessantesten	sie	funktioniert
Ideen	den	ähnliche	ihnen	schützt
Erfindungen	die	neugierigeren	du	interessierst
Möglichkeiten	eine	zahlreiche		gehörst
Forscher	einem	wissbegierigen		beibringt

b) *So könnte deine Lösung aussehen:*

Roboter	die (Bücher)	spannende	dich	erklären

2 *Markierungen: Adjektive, Artikel*

Der deutsche Jugendliteraturpreis wird jährlich für die besten Kinder- und Jugendbücher vergeben. Da man nicht so gut ein Bilderbuch für jüngere Kinder mit einem Roman für Jugendliche vergleichen kann, gibt es Preise in verschiedenen Kategorien. Eine Jury, die aus erfahrenen Journalisten, Buchhändlern und Literaturwissenschaftlern besteht, vergibt die Auszeichnungen.

Seite 39

3 In einer wöchentlichen Lese-AG können lesebegeisterte Schülerinnen und Schüler sich mit neuen Büchern beschäftigen. Die AG der Bergschule St. Elisabeth gibt ihre Erfahrungen sogar in einem ausführlichen Blog an alle interessierten Leseratten weiter. Die Buchbesprechungen, die man im Internet unter dem Titel „Elisabeth liest" findet, sind leicht verständlich.

4 a)

A An Julians Schule werden interessante (Positiv) AGs angeboten. Julian findet die Lese-AG am interessantesten (Superlativ). Lisa dagegen ist der Meinung, dass die Theater-AG interessanter (Komparativ) ist als die Lese-AG.

B Für die Buchvorstellung sollen wir das Buch auswählen, das wir am besten (Superlativ) finden. Marie stellt ein informatives (Positiv) Buch über Roboter vor. Sie findet, dass es schwieriger (Komparativ) ist als die Sachbücher, die sie bisher gelesen hat. Weil sie sich aber für wissenschaftliche (Positiv) Themen interessiert, liest sie solche Bücher mit größter (Superlativ) Begeisterung.

b) *So könnte deine Lösung aussehen:*

A Linus: Ich bin für das Buch „Ritter und Burgen", weil es **informativer** ist als die anderen.

B Emma: Lasst uns lieber „Das Schattengeheimnis" lesen. Es ist wirklich sehr **spannend**.

C Jan: Ich finde „Jacks Tagebuch" **am lustigsten**. Die anderen Bücher sind viel **langatmiger**.

c) *So könnte deine Lösung aussehen:*

Linus: Ich finde es gar nicht **schlecht**, ein **umfangreiches** Buch zu lesen. „Ritter und Burgen" ist zwar nicht sehr **originell**, aber bestimmt **am anspruchsvollsten**.

Jan: Das ist ja das Problem: In meiner Freizeit möchte ich ein **witzigeres** Buch lesen als im Unterricht.

Emma: „Das Schattengeheimnis" hat wirklich eine sehr **packende** Handlung. Es ist nicht so **langweilig** wie andere Fantasy-Romane.

Seite 40

1

Infinitiv	Präsens	Präteritum	Partizip II
lesen	du liest	sie las	gelesen
schreiben	du schreibst	sie schrieb	geschrieben
liegen	du liegst	sie lag	gelegen
gehen	du gehst	sie ging	gegangen
verstehen	du verstehst	sie verstand	verstanden

2 a)

Zeitform: **Präsens**

Ich lese auf dem Baum.	Wir lesen auf dem Baum.
Du liest auf dem Baum.	Ihr lest auf dem Baum.
Er/Sie liest auf dem Baum.	Sie lesen auf dem Baum.

Zeitform: **Präteritum**

Ich lag ...	Wir lagen ...
Du lagst ...	Ihr lagt ...
Er/Sie lag ...	Sie lagen ...

b) und c)

Zeitform: **Perfekt**

Ich habe früher am liebsten auf dem Sofa gelesen. Du hast ... gelesen. Er/Sie hat ... gelesen. Wir haben ... gelesen. Ihr habt ... gelesen. Sie haben ... gelesen.

Zeitform: **Futur**

Ich werde die ganze Nacht Gruselgeschichten lesen. Du wirst ... lesen. Er/Sie wird ... lesen. Wir werden ... lesen. Ihr werdet ... lesen. Sie werden ... lesen.

Seite 41

3 haben ... eingeführt; habe ... verstanden; hattest ... zugetraut; hat ... erklärt; hatte ... vorbereitet; sind ... gegangen; erzählt hatte

4 a) und b)

B Bevor sie sich für die KiK-Vorlesung anmeldeten (**Präteritum**), **hatten sie viele Ideen gesammelt**.
C Als sie schließlich vor ihrem Publikum standen (**Präteritum**), **hatten sie den Vortrag schon mehrmals geübt**.
D Viele Mitschüler, die zur Vorlesung gekommen waren (**Plusquamperfekt**), **drückten ihnen während des Vortrags die Daumen**.
Hinterher freuten (**Präteritum**) sich beide, dass alles **gut gelaufen war**.

Seite 42

1 a)

Formt man einen Aktivsatz in einen Passivsatz um, so wird das Objekt des Aktivsatzes zum Subjekt des Passivsatzes.

b)

Die Schüler/-innen führen Forschungsprojekte durch.
Forschungsprojekte werden von den Schülerinnen und Schülern durchgeführt.

Die Schüler/-innen stellen die Ergebnisse vor.
Die Ergebnisse werden von den Schülerinnen und Schülern vorgestellt.

Ein Reporter befragt eine Schülerin zu ihrem Projekt.
Eine Schülerin wird von einem Reporter zu ihrem Projekt befragt.

In einem ausführlichen Artikel beschreibt der Journalist die Ergebnisse der Nachwuchsforscher.
Die Ergebnisse der Nachwuchsforscher werden von dem Journalisten in einem ausführlichen Artikel beschrieben.

2 Aktivformen: interessieren sich, wissen, beginnen, entwickeln, findet heraus, teilnehmen

Passivformen: eingesetzt werden, benutzt wird, wird ... verschmutzt, werden ... veröffentlicht

Seite 43

3 a) und b)

A In der Schülerzeitung wird über den Wettbewerb berichtet. (Vorgangspassiv)
B Auch von Schülern unserer Schule werden Projekte durchgeführt. (Vorgangspassiv)
C Von Alisa, Paul und Leon wird ein Roboter entwickelt. (Vorgangspassiv)
D Sie sind noch nicht für den Wettbewerb angemeldet. (Zustandspassiv)
E Sie werden berichten, wenn das Projekt abgeschlossen ist. (Zustandspassiv)

4 Das Vorgangspassiv wird mit einer konjugierten Form von **werden** und **dem Partizip II** des Verbs gebildet.
Das Zustandspassiv wird mit einer konjugierten Form von **sein** und **dem Partizip II** des Verbs gebildet.

5 a)

Für die Versuche im Physikraum werden bestimmte Regeln festgelegt.
Die Geräte, die Alisa, Paul und Leon benutzen, werden danach wieder aufgeräumt.

b)

Das Licht ist im Anschluss wieder ausgeschaltet.
Die Türen sind dann alle abgeschlossen.

Seite 44

1 Adverbien: früher, heute, dagegen, meistens, manchmal, leider, selten, vielleicht, immer
Adjektive: üblich, großen, kleinen, weiter, jungen, langen

2 a)

Adjektive: spannend, lustig, schnell, alt, neu
Adverbien: glücklicherweise, meistens, sogar, damals, oft, schon

b) *So könnte deine Lösung aussehen:*
Ich konnte damals noch nicht lesen, deshalb hat meine große Schwester mir manchmal vorgelesen.
Da sie nicht immer Lust dazu hatte, wollte ich unbedingt lesen lernen.
Damals dachte ich, dass man schon nach dem ersten Schultag lesen kann.
Leider hat es ein wenig länger gedauert.
Ich fand die Schule dennoch spannend, weil ich dort viele andere Dinge lernen und neue Freunde finden konnte.

3 *Unterstrichen werden müssen:*
besonders, dort (2x), immer, oft, daher, hier, heute, hinten, vorne, kaum, deshalb, gern, damals, überall, leider, selten

Seite 45

1 **a) und b)** *So könnte deine Lösung aussehen:*
Heute ist ein besonderer Tag für **diese** Schule. Die Teilnehmer des Wettbewerbs zur Neugestaltung unseres Schulhofs werden ihre Ergebnisse vorstellen. Auf **diese** bin ich schon sehr gespannt. Ich freue mich, dass so viele Klassen an **diesem** Wettbewerb teilgenommen haben. **Dieser** Einsatz verdient große Anerkennung. Viele Modelle sind entstanden. **Dieses** hier zeigt zum Beispiel, wie der Sportbereich gestaltet werden könnte. **Jenes** dort zeigt die Einrichtung eines Freiluftklassenzimmers. Eine Jury begutachtet **diese** Entwürfe nun. Die Aufgabe der Jury ist es, unter den Modellen **das** auszuwählen, welches kreativ, aber auch gut umsetzbar ist.

2 **a) und b)**
A „**Die** (**A**) Klasse 6 d möchte **den** (**A**) alten Fußballplatz durch ein Schwimmbad ersetzen. **Das** (**D**) ist eine tolle Idee – aber leider viel zu teuer."
B „Unseren jüngeren Schülern würde **der** (**A**) Spielplatz bestimmt gut gefallen. Auf **dem** (**D**) kann man in **den** (**A**) Pausen richtig schön klettern!"
C „Haben **die** (**A**) Lehrer eigentlich auch Vorschläge eingereicht?" „Nein, **die** (**D**) durften uns Schüler nur beraten. **Das** (**D**) finde ich auch in Ordnung."

3 Jona und Lennart über die Arbeit ihrer (**Poss.**) Klasse: Wir (**Pers.**) haben zunächst Ideen gesammelt. Jeder hatte seine (**Poss.**) Aufgabe. Eine Schülerin hat sich z. B. über Spielgeräte für jüngere Schüler informiert und ihre (**Poss.**) Ergebnisse zusammengefasst. Andere haben ihre (**Poss.**) Mitschüler gefragt: „Wie stellt ihr euch den neuen Sportbereich vor, der uns (**Pers.**) von der Schulleitung versprochen wurde?" Über den ersten Platz würde sich unsere (**Poss.**) Klasse sehr freuen.

Seite 46

1 **a) und b)**
mit einem Bild (Dativ); seit dem letzten Jahr (Dativ); für die Fenster (Akkusativ); ohne Vorhänge (Akkusativ); aus der Projektwoche (Dativ); für die Gestaltung (Akkusativ)

2 **a) und b)** *So könnte deine Lösung aussehen:*
A Neben **die Tafel** (**A**) hängen wir die Plakate.
B Brauchen wir den Schrank **neben dem Waschbecken** (**D**) noch?
C Ja, leider. Wir bewahren doch die Wörterbücher **in dem Schrank** (**D**) auf.
D Den Papierkorb können wir auch **in die Ecke** (**A**) stellen.
E Die Uhr kann **über der Tür** (**D**) hängen bleiben.
F Oder sollen wir die Uhr lieber **über die Tafel** (**A**) hängen?

3 *So könnte deine Lösung aussehen:*
Max, Daniel und Sina tragen die Tische **auf den Flur**.
Der Hausmeister, Larissa und Jan streichen die Wände **mit weißer Farbe**.
Jans Vater, Robin und Jule bringen das Material **für die Malerarbeiten** mit.
Jasper, Dominik und Hannah malen ein Dschungelbild **an die hintere Wand**.
Felix, Malena und Johanna bekleben den hässlichen Schrank **mit bunter Folie**.

Seite 47

1 **A** Adverb, **B** Präposition, **C** Demonstrativpronomen

2 die (Artikel), immer (Adverb), gewöhnlich (Adjektiv), Mutter (Nomen), ein (Artikel), seine (Possessivpronomen), dieser (Demonstrativpronomen), jüngste (Adjektiv), äußerst (Adverb), ihn (Personalpronomen), schwebt (Verb), an (Präposition)

3 Der Roman des irischen Autors **erschien** 2013 in deutscher Übersetzung, nachdem 2012 bereits die Originalfassung ein großer Erfolg **gewesen war**. Auch viele Jugendliche in Deutschland **haben** den Roman mit großem Vergnügen **gelesen**. Jannik: „Ich kann sagen, dass mir das Ende des Romans besonders gut **gefallen hat**. Aber ich **verrate** es jetzt natürlich nicht, weil du den Roman vielleicht auch bald **lesen wirst**!"

4 **A** Dieser Roman wird von Martin im Unterricht vorgestellt.
B Martins Vortrag wird anschließend von allen gemeinsam beurteilt.

Seite 48

1

Vorfeld	Linke Satzklammer: finiter Prädikatsteil	Mittelfeld	Rechte Satzklammer: 2. Teil des Prädikats
(1) Im Jahr 1979	wurde	auf der ganzen Welt das „Jahr des Kindes"	gefeiert.
(2) Die verschiedenen Länder	verhandelten	zehn Jahre.	
(3) Die meisten Länder	haben	bis jetzt dieser Rechtssammlung	zugestimmt.
(4) In Deutschland	hat	der Bundestag im Jahr 1992 die Gültigkeit dieser Rechte	beschlossen.

2 *So könnte deine Lösung aussehen:*

(1) Im Jahr 1979 wurde auf der ganzen Welt das „Jahr des Kindes" gefeiert.
Auf der ganzen Welt wurde im Jahr 1979 das „Jahr des Kindes" gefeiert.
Das „Jahr des Kindes" wurde im Jahr 1979 auf der ganzen Welt gefeiert.

(2) Die verschiedenen Länder verhandelten zehn Jahre.
Zehn Jahre verhandelten die verschiedenen Länder.

(3) Die meisten Länder haben bis jetzt dieser Rechtssammlung zugestimmt.
Bis jetzt haben die meisten Länder dieser Rechtssammlung zugestimmt.
Dieser Rechtssammlung haben bis jetzt die meisten Länder zugestimmt.

(4) In Deutschland hat der Bundestag im Jahr 1992 die Gültigkeit dieser Rechte beschlossen.
Der Bundestag hat in Deutschland im Jahr 1992 die Gültigkeit dieser Rechte beschlossen.
Im Jahr 1992 hat in Deutschland der Bundestag die Gültigkeit dieser Rechte beschlossen.
Die Gültigkeit dieser Rechte hat in Deutschland der Bundestag im Jahr 1992 beschlossen.

3 (1) Was wurde auf der ganzen Welt gefeiert? → das „Jahr des Kindes" (Subjekt)
Wo wurde das „Jahr des Kindes" gefeiert? → auf der ganzen Welt (adverbiale Bestimmung)
Wann wurde das „Jahr des Kindes" gefeiert? → im Jahr 1979 (adverbiale Bestimmung)

(2) Wer verhandelte zehn Jahre? → die verschiedenen Länder (Subjekt)
Wie lange verhandelten die verschiedenen Länder? → zehn Jahre (adverbiale Bestimmung)

(3) Wer hat bis jetzt dieser Rechtssammlung zugestimmt? → die meisten Länder (Subjekt)
Wann haben die meisten Länder dieser Rechtssammlung zugestimmt? → bis jetzt (adverbiale Bestimmung)
Wem haben die meisten Länder bis jetzt zugestimmt? → dieser Rechtssammlung (Dativobjekt)

(4) Wer hat in Deutschland im Jahr 1992 die Gültigkeit dieser Rechte beschlossen? → der Bundestag (Subjekt)
Wo hat der Bundestag im Jahr 1992 die Gültigkeit dieser Rechte beschlossen? → in Deutschland (adverbiale Bestimmung)
Wann hat in Deutschland der Bundestag die Gültigkeit dieser Rechte beschlossen? → im Jahr 1992 (adverbiale Bestimmung)
Was hat in Deutschland der Bundestag im Jahr 1992 beschlossen? → die Gültigkeit dieser Rechte (Akkusativobjekt)

Seite 49

1 a) *So könnte deine Lösung aussehen:*
Ich schütze die Rechte der Kinder.
Ich informiere mich über die Kinderrechte.
Ich wähle die Regierung.
Die Länder stimmen über die Konvention ab.
Erklärst du mir die Kinderrechte?
Ich überreiche dir ein Geschenk.
Wir nehmen an einer Veranstaltung teil.
Wir leben in einer Stadt.
In der Grundschule lernt man das Lesen.
Ich habe jemanden angesprochen und nach dem Weg gefragt.
Sie denkt über die Kinderrechte nach.
Du bekommst ein Geschenk.
Die Kinderrechte helfen schutzbedürftigen Kindern.
Viele Kinder vertrauen ihren Eltern grenzenlos.
Kann man die Länder anklagen, die die Kinderrechte nicht einhalten?
Ich schenke dir ein Buch.
Kinder brauchen Unterstützung.
Meinen Eltern verdanke ich vieles.
Ich sage dir etwas.
Dieses Recht steht in der Kinderrechtskonvention.
Er wartet auf den Schulbus.

b)
Kein Objekt: leben, stehen
Ein Akkusativobjekt: schützen, wählen, lernen, ansprechen, bekommen, anklagen, brauchen
Ein Dativobjekt: helfen, vertrauen
Ein Akkusativobjekt und ein Dativobjekt: erklären, überreichen, schenken, verdanken, sagen
Ein Präpositionalobjekt: sich informieren über, abstimmen über, teilnehmen an, nachdenken über, warten auf

Seite 50

1 a), b) und
2 a) *Markierungen:* Hauptsatz, Nebensatz

A Die Kinderrechte dienen dem Schutz der Kinder, sie gelten fast überall.
B Kinder haben entsprechend Artikel 24 das Recht, (dass) sie gesund aufwachsen.
C (Weil) Lernen wichtig ist, haben Kinder ein „Recht auf Bildung" (Artikel 28).
D In vielen Ländern sind Kinder schulpflichtig, (damit) sie bessere Chancen im Leben haben.
E Kinder haben ein Recht auf „Ruhe und Freizeit" (Artikel 31), (denn) sie brauchen auch Zeit zum Ausruhen.

2 a) und b) *So könnte deine Lösung aussehen:*
Nebenordnende Konjunktionen: denn, doch, aber
Unterordnende Konjunktionen: dass, weil, damit, da, nachdem

Gestern habe ich viel für die Klassenarbeit gelernt, **doch** heute bin ich nicht dazu gekommen.
Heute habe ich nachmittags nichts vor, **aber** morgen habe ich Klavierunterricht.

Ich lerne heute Nachmittag, **da** wir morgen einen Test schreiben.
Nachdem ich die Hausaufgaben gemacht hatte, bin ich noch ins Kino gegangen.

c)

Satzbaumodell	Sätze/ Buchstaben
______ HS ______, ______ HS ______.	A, E
______ HS ______, ~~~~~ NS ~~~~~.	B, D
______ HS ______. ~~~~~ NS ~~~~~,	C

Seite 51

3 **A** Eltern sorgen dafür, dass ihre Kinder genug zum Essen haben.
B Wenn die Eltern zu wenig Geld zur Ernährung des Kindes besitzen, haben sie Anspruch auf Unterstützung.
C Jedes Kind hat ein Recht auf Essen, deshalb steht dies auch im Artikel 27 der Kinderrechtskonvention.

Satzbaumodell
A ______ HS ______, ~~~~~ NS ~~~~~.
B ______ HS ______. ~~~~~ NS ~~~~~,
C ______ HS ______, ______ HS ______.

4 *So könnte deine Lösung aussehen:*
A Obwohl Kinder unterschiedlich sind, haben alle Kinder die gleichen Rechte.
B Ein Kind kann sich bei verschiedenen Organisationen Hilfe suchen, wenn es hilfebedürftig ist.
C Es wurde lange diskutiert, bevor viele Länder der Kinderrechtskonvention zugestimmt haben.
D Viele Länder haben der Kinderrechtskonvention zugestimmt, aber nicht in allen Ländern gelten die Kinderrechte.

Seite 52

1 **a)** *So könnte deine Lösung aussehen:*
A (Attribut)
B Die Rechte dieser Konvention gelten für Kinder.
Für Kinder gelten die Rechte dieser Konvention (Attribut).
C Meistens werden Menschen im Alter von unter 18 Jahren als Kinder bezeichnet.
Als Kinder werden meistens Menschen im Alter von unter 18 Jahren (Attribut) bezeichnet.
D In einzelnen Ländern werden die dort lebenden Kinder schon mit 16 Jahren als volljährig betrachtet.
Als volljährig betrachtet werden in einzelnen Ländern die dort lebenden (Attribut) Kinder schon mit 16 Jahren.

b) *So könnte deine Lösung aussehen:*

B Die Kinderrechte, die in dieser Konvention stehen, gelten für Kinder.

C Meistens werden Menschen, die im Alter von unter 18 Jahren sind, als Kinder bezeichnet.

D In einzelnen Ländern werden die Kinder, die dort leben, schon mit 16 Jahren als volljährig betrachtet.

2

die diskutierten Themen	→ Partizip als Attribut
die Kinder aus verschiedenen Ländern	→ Präpositionalattribut
die Gültigkeit dieser Rechte	→ Genitivattribut
die langen Verhandlungen	→ Adjektivattribut
Alle Menschen, auch Kinder, haben Rechte.	→ Apposition als Attribut

Seite 53

3 a) und b)

B Eine Gruppe von Personen, (die) sich sehr gut mit Kinderrechten auskennt, überprüft deren Einhaltung.

C In Deutschland gibt es viele Organisationen, (die) sich besonders um den Schutz der Kinder kümmern.

D In vielen Ländern gibt es Personen, (welche) die Einhaltung der Kinderrechte überwachen.

4 *So könnte deine Lösung aussehen:*
Deutschland ist momentan eines der Länder, **die** sich streng an die Vorgaben halten.
Die Kinderrechte, **die** in vielen Ländern gelten, sollten auch eingehalten werden.
Personen, **die** viel Fachwissen zu dem Thema haben, überprüfen das.
Hält ein Land, **welches** der Kinderrechtskonvention zugestimmt hat, die Kinderrechte nicht ein, kann man sich darüber beschweren.

5 B Kinder können Anwälte zu Hilfe nehmen, die ihre Rechte vertreten.
Kinder können Anwälte zur Vertretung ihrer Rechte zu Hilfe nehmen.

C Die Länder verfassen Dokumente, die über die Einhaltung der Kinderrechte informieren.
Die Länder verfassen Dokumente über die Einhaltung der Kinderrechte.

D Mitarbeiter, die bei bestimmten Organisationen arbeiten, kümmern sich um den Schutz von Kindern.
Mitarbeiter bestimmter Organisationen kümmern sich um den Schutz von Kindern.

Seite 54

1 a) und b)

A Wegen des häufigen Verstoßes gegen das Recht auf Privatsphäre wurde dieses in die Sammlung aufgenommen.
Das Recht auf Privatsphäre wurde in die Sammlung aufgenommen, weil häufig dagegen verstoßen wird.

B Bei Verletzung dieses Rechtes sollte der Betroffene darauf hinweisen.
Wenn dieses Recht verletzt wird, sollte der Betroffene darauf hinweisen.

C Durch die Aufnahme dieses Rechtes in die Sammlung sollen die Gedanken von Kindern geschützt werden.
Indem dieses Recht in die Sammlung aufgenommen wird, sollen die Gedanken von Kindern geschützt werden.

2 a) und b) *So könnte deine Lösung aussehen:*

A Ich bewahre mein Tagebuch dort auf, wo es hoffentlich niemand findet.
→ Wo bewahre ich mein Tagebuch auf? → Information zu dem Ort

B Kinder schreiben häufig ins Tagebuch, weil sie sich später noch an schöne Erlebnisse erinnern wollen.
→ Warum schreiben Kinder häufig ins Tagebuch? → Information zu dem Grund

C Lisa schützt ihr Tagebuch, indem sie es abschließt.
Wie schützt Lisa ihr Tagebuch? → Information zu der Art und Weise

D Nachdem Lisa in ihr Tagebuch geschrieben hatte, erlaubte sie nur der besten Freundin, den Eintrag zu lesen.
→ Wann erlaubte Lisa der besten Freundin, den Eintrag zu lesen? → Information zu der Zeit

Seite 55

Teste dich! Satzglieder und Sätze

1 In ganz Deutschland (AB) gibt es in zahlreichen Städten Kinderbürgermeister (AO). In Soltau ist der neunjährige Wim Aalders (S) zum Beispiel für ein Jahr als Kinderbürgermeister gewählt worden. Er begleitet den „richtigen" Bürgermeister (AO) manchmal (AB) zu offiziellen Terminen. Außerdem hat (P) er als Kinderbürgermeister den Weihnachtsmarkt (AO) von Soltau eröffnet (P). Wim versucht (P), die Stadt kinderfreundlicher zu machen. Dabei helfen ihm (DO) auch Anregungen und Empfehlungen von anderen Kindern.

2 a)

A Im Kinderparlament gibt es für bestimmte Bereiche Experten, die sich mit einem Thema (z. B. Busfahrpläne) ganz besonders gut auskennen.

B Wenn beispielsweise die Busanschlüsse nach Schulschluss nicht gut sind, wird dies direkt an die Beauftragten der Stadt gemeldet.

C Der Kinderbürgermeister leitet das Kinderparlament, er übernimmt daher auch schon im jungen Alter eine verantwortungsvolle Aufgabe.

b)

Satzbaumodell	Satz/ Buchstabe
______ HS ______, ______ HS ______.	C
______ HS ______, ∼∼∼ NS ∼∼∼.	A
______ HS ______. ∼∼∼ NS ∼∼∼,	B

Seite 56 f.

1 käpt'n blaubär: Mein leben als zwergpirat
nach Walter Moers

Ein leben beginnt gewöhnlich mit der geburt – meins nicht. Zumindest weiß ich nicht, wie ich ins leben gekommen bin. Ich könnte – rein theoretisch – aus dem schaum einer welle geboren oder in einer muschel gewachsen sein, wie eine perle. Vielleicht bin ich auch vom himmel gefallen, in einer sternschnuppe.
Fest steht lediglich, dass ich als findelkind ausgesetzt wurde, mitten im ozean. Meine erste erinnerung ist, dass ich in rauer see trieb, nackt und allein in einer walnussschale, denn ich war ursprünglich sehr, sehr klein.
Ich erinnere mich weiterhin an ein geräusch. Es war ein sehr großes geräusch. [....] Erzeugt wurde es vom monströsesten, gefährlichsten und lautesten wasserwirbel der sieben weltmeere – ich ahnte ja nicht, dass es der gefürchtete *malmstrom* war, auf den ich da in meinem schälchen zuschaukelte. [...]
Das geräusch wurde mächtiger und mächtiger, die nussschale schaukelte immer heftiger, und ich wusste natürlich auch nicht, dass ich schon längst in den sog des wirbels geraten war. In einer kilometerlangen spirale tanzte mein winziges boot, wahrscheinlich das kleinste der welt, dem brüllenden abgrund entgegen. [...]
Das war der augenblick, in dem ich zum ersten mal eines der schaurigen lieder der zwergpiraten hörte.

Nomen mit Artikel / mit Präposition und Artikel: ein Leben, ins (= in das) Leben, mit der Geburt, aus dem Schaum, einer Welle, in einer Muschel, eine Perle, vom Himmel, in einer Sternschnuppe, im Ozean, in einer Walnussschale, an ein Geräusch, das Geräusch, die Nussschale, in den Sog, des Wirbels, der Welt, der Augenblick, der Zwergpiraten
Nomen mit anderem Begleitwort: mein Leben, meine erste Erinnerung, in rauer See, ein sehr großes Geräusch, vom monströsesten, gefährlichsten und lautesten Wasserwirbel, der sieben Weltmeere, der gefürchtete Malmstrom, in meinem Schälchen, in einer kilometerlangen Spirale, mein winziges Boot, dem brüllenden Abgrund, zum ersten Mal, der schaurigen Lieder
Nomen ohne Begleitwort (Erweiterungsprobe): als (ein falscher) Pirat, als (ein kleines) Findelkind
Eigennamen: Käpt'n Blaubär, Malmstrom

2 *So könnte deine Lösung aussehen:*
die Nacktheit, die Winzigkeit, gefährlich, natürlich, augenblicklich, die Rauheit, schauerlich, schaumig, traumhaft, ängstlich, die Ängstlichkeit, das Ereignis, furchtsam / furchtbar, die Erinnerung, wahrhaft / wahrhaftig

Seite 58

1 Das **Rauchen** ist hier verboten.
Das **Abladen** von Müll ist nicht erlaubt.
Das **Mitführen** von Hunden ist in diesem Geschäft nicht gestattet.
Bitte Ruhe! Lautes **Telefonieren** ist hier nicht gestattet.
Hier ist das **Entsorgen** von Abfall möglich.
Das **Mitnehmen** von Eiswaffeln ist nicht erlaubt.

2 *So könnte deine Lösung aussehen:*
A Ich trinke oft zu hastig. Beim hastigen Trinken verschlucke ich mich leicht.
B In den Ferien schwimme ich gerne. Das Schwimmen im Meer macht mir mehr Spaß als das Wandern in den Bergen.
C Im Schulchor singe ich nicht. Ich erwische beim Singen immer die falschen Töne.
D Meine Eltern wollen, dass ich zu Hause die Rechtschreibung übe. Das Üben ist aber langweilig!
E Wir lachen viel im Unterricht und werden dafür ermahnt, obwohl das Lachen doch gesund sein soll.
F Ich esse nicht gerne in der Schulmensa. Man muss immer anstehen und hat zu wenig Zeit zum Essen.

Seite 59

3 nautisches **K**önnen, vor meinem **V**erschwinden, mit ihrem seemännischen **K**önnen, das **S**inken, ihr **T**reiben, mit **S**taunen, das aufgeregte **H**erumflitzen, das **H**issen und (das) **E**inholen, das hektische **K**urbeln, das **G**urgeln

4 a) *Unterstrichen werden müssen:* mit Fluchen, dem Hissen, dem Anfertigen, das Scheitern, vom Ankerholen, über Kalfatern, zum Wantenspannen, vom Zusehen und Mithelfen

b) und c)

Meine Erziehung bei den Zwergpiraten *nach Walter Moers*
Ich wurde zum eigentlichen Lebensinhalt der Zwergpiraten. Ihr ganzes Dasein drehte sich in den fünf Jahren, die ich bei ihnen war, fast nur um mich. [...] Sie bemühten sich rührend, mir alles beizubringen, was sie über das Kaperwesen und das Piratenleben wussten. Ganze Tage verbrachten sie damit, mir schauerliche Piratenlieder vorzusingen, mit **F**luchen, dem **H**issen der Totenkopfflaggen und dem **A**nfertigen von Schatzkarten. Einmal versuchten sie sogar mir zuliebe, ein Schiff zu kapern, das mindestens tausendmal größer war als ihr eigenes. An diesem Tag habe ich alles gelernt, was man über das **S**cheitern wissen muss. Ansonsten lernte ich das Seemannshandwerk vom **A**nkerholen über **K**alfatern bis zum **W**antenspannen, nur vom **Z**usehen und **M**ithelfen.

Seite 60

5 Blaubär war ein großer, schwergewichtiger Bär.
→ Blaubär war ein großer **S**chwergewichtiger.
→ Blaubär war ein **G**roßer.
Er wurde von winzigen, kleinwüchsigen Zwergpiraten gerettet.
→ Er wurde von winzigen **K**leinwüchsigen gerettet.
→ Er wurde von **W**inzigen gerettet.
Sie waren außerordentliche, furchtlose Piraten.
→ Sie waren außerordentliche **F**urchtlose.
→ Sie waren **A**ußerordentliche.
Blaubär sah viele merkwürdige, durchsichtige Klabautermänner.
→ Blaubär sah viele merkwürdige **D**urchsichtige.
→ Blaubär sah viele **M**erkwürdige.

6 alles Große, das einzig Richtige

7 *So könnte deine Lösung aussehen:*
etwas Besonderes, nichts Unheimliches, nichts Rapides, die Kleinwüchsigen, alles Natürliche, allerlei Unangenehmes, die Fünf, ein Großer, ein Schwerer, nichts Sicheres, etwas Selbstgebackenes, die Jammernden, die Klagenden, viel Langweiliges

Seite 61

Teste dich! Groß- und Kleinschreibung

1 **richtig:** A, B, D, F, H, I, J
falsch: C, E, G

2 Durch das **Auf und Ab** der Wellen wird vielen Leuten auf hoher See schlecht. Sie möchten dann gerne wieder etwas **Festes** unter den Füßen spüren und nicht so etwas **Unsicheres** wie ein Schiffsdeck. Mancher fühlt sich **besser**, wenn er an Deck **auf und ab** geht, andere bleiben lieber in der Koje **liegen**. Im **Liegen** scheint ihnen der Magen weniger zu rebellieren. **An Essen und Trinken** ist im **seekranken** Zustand gar nicht zu **denken**. Wenn die **Seekranken** schließlich an Land gehen, meinen sie immer noch das **Schaukeln** des Schiffes zu spüren.

Seite 62

1 **a) und b)**
Großschreibung: am Abend, Montag, des Morgens, jeden Nachmittag, Dienstagnachmittag, gegen Morgen, Samstag und Sonntag, vor Mitternacht, jeden Samstagabend
Kleinschreibung: abends, nachts, morgen, gestern, heute, freitags, nachmittags, vorgestern, samstags abends
Groß- und Kleinschreibung: morgen Mittag, vorgestern Nacht

2 *So könnte deine Lösung aussehen:*
Ich bin häufig **abends** noch nicht müde.
Meistens schlafe ich dann **nachts** zu wenig.
Ich war **Dienstagnachmittag** beim Training.
Manchmal verabrede ich mich **nachmittags** mit Freundinnen.
Wollen wir **Samstag** ins Kino gehen?

Seite 63

3 Mein Vater joggt gerne **frühmorgens** vor der Arbeit.
Wir treffen uns **morgen früh** um 8 Uhr.
Ich bin **am frühen Morgen** noch nicht fit.
Mein Großvater steht **jeden Morgen früh** auf.

Teste dich! Groß- und Kleinschreibung von Zeitangaben

gestern, am **Nachmittag**, **vormittags**, **abends**, des **Morgens**, **abends**, **frühmorgens**, **abends**, am nächsten **Morgen**, am **Freitag**

Seite 64

1 **kurz gesprochener Stammvokal (geschlossene Silbe)**: Horri (hor-ri), tucker, botz (bot-ze), Empe (em-pe), burs (bur-se(n)), ratzeflümper (rat-ze-flüm-per), pottenhöftel (pot-ten-höf-tel)
lang gesprochener Stammvokal (offene Silbe): gader (ga-der), ruken (ru-ken), queten (que-ten), Müpel (Mü-pel)

2 **Blickt** man in den nächtlichen **Himmel**, so meint man in eine riesige **Kuppel** zu sehen, die sich über uns **wölbt** und deren **Innen**seite **voll** von funkelnden **Sternen** ist. Astronomen **benutzen** das **Modell** einer **Himmels**kugel, um die Lage der **Sterne** angeben zu **können**. Die erste Aufgabe für junge **Sterngucker** ist es **immer**, den Polar**stern** zu **entdecken**. Er leuchtet **besonders hell**. Suche dafür zunächst den Großen Wagen. Den **erkennst** du an seinen sieben **Sternen**, die wie ein **Karren** mit Deichsel aussehen. **Dann** ziehst du eine Linie vom rechten **Hinter**rad zur rechten oberen **Ecke** des Wagens und verlängerst sie fünfmal. Am **Ende** der Verlängerung siehst du den Polarstern. Viel **Glück**!

Seite 65

3 **a) und b)** *So könnte deine Lösung aussehen:*

Him-mel	Sonne	Wolke	kalt	Rolle	Turm
Hum-mel	Wonne	Wolle	halt	Tolle	Wurm
Hum-mer	Wanne	Rolle	Hals	Wolle	warm
Ham-mer	Tanne	Rille	Hall	Wille	Darm
Kam-mer	Tante	Pille	Ball	Rille	Damm
Kum-mer	Tinte	Pelle	bald	Pille	Lamm

4 *So könnte deine Lösung aussehen:*
In manchen Nächten kann man am Himmel Sternschnuppen erkennen.
Ganz warm ist man in kalten Winterwochen selten.
Fische zappeln an Angeln und wollen nicht gegessen werden.
Bald werde ich ins Bett fallen und schnarchen.

5 *Deine Lösung könnte so aussehen:*

z: Franz tanzt Walzer, ganz ohne zu stürzen.
z: Ganz kurz und schmerzlos konnte der herzliche Arzt die Wurzel entfernen.
tz: Er flitzt wie der Blitz über den Platz und schwitzt in der Hitze.
k: Frank parkt unter Birken vor einer Bank und schwebt in Gedanken über den Wolken.
ck: Ein leckeres Eis schmeckt schrecklich gut und macht dick und glücklich.

Seite 66

1 **richtig:** A, C, D, E, G, H, I, K
falsch: B, F, J

2 **a) und b)** *So könnte deine Lösung aussehen:*

laden	Rosen	Zahl	Meer	lesen	kehren
Lagen	Rasen	Zahn	leer	Wesen	wehren
legen	Hasen	Kahn	Teer	weben	wahren
lesen	haben	kahl	Tier	wegen	Wahlen
losen	heben	Kohl	vier	Wogen	wühlen
loben	weben	Wohl	Zier	Bogen	kühlen

3 *So könnte deine Lösung aussehen:*
deh-nen, boh-ren, leh-ren, keh-ren, stöh-nen, neh-men, entbeh-ren, fah-ren, gäh-nen, leh-nen, seh-nen, zäh-len

Seite 67

4 *So könnte deine Lösung aussehen:*
ge-hen, flie-hen, blü-hen, fle-hen, rei-hen, se-hen, glü-hen, sprü-hen, dre-hen, ste-hen, ge-hen, lei-hen

5 *So könnte deine Lösung aussehen:*
sehen, sah, gesehen, Sehhilfe, einsehen, aussehen, vorhersehen, uneinsehbar, Sehschwäche, Fernseher
froh, fröhlich, Frohsinn, unfroh, frohgemut, Fröhlichkeit, froher, am frohesten
Zahl, zählen, bezahlen, auszahlen, anzahlen, Glückszahl, Lottozahlen, unbezahlbar, zahllos, Zähler
bohren, bohrte, gebohrt, der Bohrer, die Bohrmaschine, das Bohrloch, die Bohrinsel, die Ölbohrung

Teste dich! Lange und kurze Vokale

Wie kommt es zu Jahreszeiten, Tag und Nacht?
Ein Jahr braucht die Erde, um die Sonne zu umrunden. Während dieser rund 365 Tage bekommen nicht alle Teile der Erde gleich viel Licht und Wärme. Denn durch die Neigung der Erdachse steht manchmal eine Erdhälfte der Sonne näher als die andere. Darum gibt es in unseren Breiten die vier Jahreszeiten. Wenn die Nordhalbkugel der Sonne mehr zugeneigt ist, haben wir Sommer. Dann fallen die Strahlen fast senkrecht auf die Erde. Auf der Südhalbkugel herrscht dann Winter.
Umgekehrt haben wir Winter, wenn auf der Südhalbkugel Sommer ist. Im Frühjahr und Herbst sind beide Halbkugeln ungefähr gleich zur Sonne geneigt. […]
Der Wechsel von Tag und Nacht kommt durch die Drehung der Erde um sich selbst zustande, denn es ist immer nur eine Hälfte der Erde sonnenbeschienen. Auf der anderen herrscht Nacht. Die Sonne geht für uns an dem Ort auf, der gerade aus dem Schatten der Nachtseite heraustritt. Während sich die Erde weiterdreht, steigt die Sonne am Himmel immer höher, bis sie mittags ihren höchsten Stand erreicht. Dann sinkt sie zum Horizont hinab und geht schließlich unter. […]

umrun-den (kein Silbengelenk)
wäh-rend (Dehnungs-h vor r)
bekom-men (Doppelkonsonant am Silbengelenk)
nä-her (silbentrennendes h)
Strah-len (Dehnungs-h vor l)
herrscht (die Her-ren, Doppelkonsonant am Silbengelenk)
umgekehrt (umkeh-ren, Dehnungs-h vor r)
wenn (Merkwort)
kommt (kom-men, Doppelkonsonant am Silbengelenk)
herrscht (die Her-ren, Doppelkonsonant am Silbengelenk)
heraustritt (die Trit-te, Doppelkonsonant am Silbengelenk)
während (wäh-rend, Dehnungs-h vor r)
hö-her (silbentrennendes h)
mittags (mit-tags, Doppelkonsonant am Silbengelenk)

Seite 68

1

B	K	S	I	E	K	R	I	S	E
I	S	C	H	I	E	N	E	P	W
E	I	B	R	I	S	E	H	I	G
N	R	E	E	Z	I	E	R	E	N
E	E	K	I	N	O	M	P	L	I
K	N	I	E	S	B	I	B	E	L
O	E	E	I	T	R	I	E	B	I
P	A	S	S	I	E	R	E	N	D
I	H	N	M	E	L	O	D	I	E
E	L	P	A	R	T	I	E	E	R

Krise, Schiene, Brise, zieren, Kino, Knie, Bibel, Trieb, passieren, Melodie, Partie, Kopie, Kies, ihre, Stier, Spiele, Lider

2 zie-hen; gedei-hen; se-hen; flie-hen; gesche-hen

Teste dich! Wörter mit lang gesprochenem i richtig schreiben

Para**si**ten nutzen den Körper anderer T**ie**re für **ih**r Überleben. Der menschliche Körper b**ie**tet **ih**nen nahrhaftes Blut, der Magen lockt mit attrakt**i**ven Speisen und in den Darmwänden lässt sich **ih**r Nachwuchs ohne Schw**ie**rigkeiten aufz**ieh**en. Nicht alle fremden Organismen, die in unserem Körper veget**ie**ren, sind jedoch gefährliche Band**i**ten. Ein Beisp**ie**l ist der Koala, dessen L**ie**blingsspeise Eukalyptusblätter sind. Ohne v**ie**le winzige Helfer könnte er das Grünzeug nicht verdauen. Die Nährstoffe würden ungenutzt durch **ih**n hindurchwandern. Damit das nicht gesch**ieh**t, hat der Koala einen zwei Meter langen Blinddarm, in dem eine r**ie**sige Bakter**ie**nkolon**ie** haust. Die zersetzen, was aus dem Magen in den Darm transport**ie**rt wird.

Seite 69

1 *So könnte deine Lösung aussehen:*
Die junge Geigerin spielte schon erstaunlich virtuos.
Die Glocken läuteten zur Vesper.

2 Violine [v]; Viper [v] (in der Schweiz auch [f]); Vinschgau [f]; Larve [f]; vakant [v]; Vogt [f]; Vulkan [v]; Vlies [f]; Hannover [f]; Frevel [f]

3 a) und b)

O	V	O	L	K	M	A	F	F	E
N	E	V	A	L	A	V	A	G	E
F	R	A	U	A	S	I	C	T	I
A	A	L	F	V	I	E	H	O	F
M	W	L	V	I	L	L	A	V	E
I	E	A	V	E	S	U	V	V	R
L	L	W	A	R	E	V	I	E	R
I	L	I	T	W	L	O	E	R	U
E	E	N	E	I	F	R	R	S	F
N	N	E	R	V	E	N	V	E	R

v als f-Laut: Volk, Vater, Nerven, vier, Eva, Verse, vorn
v als w-Laut: Lava, Klavier, Villa, Vesuv, oval, vage

Seite 70

1 **A** Sa**chs**en ist ein ostdeutsches Bundesland.
B La**chs**e werden häufig gezüchtet. (Fischart)
C Statt alles la**x** zu nehmen und herumzutri**cks**en, solltest du dich durchbo**x**en. (leicht / nicht ernst; Tricks anwenden)
D Fü**chs**e und Lu**chs**e sollte man nicht verwe**chs**eln. (einheimische Raubtiere)
E Nur im Märchen gibt es He**x**en und Ni**x**en. (böse Zauberin im Märchen; Wasserjungfrau)
F Ein Tischlerlehrling muss hobeln und dre**chs**eln lernen. (auf der Drehbank Holz formen)
G Dinosaurier waren riesige E**chs**en. (kaltblütige Tierart)
H Eine Schweinsha**chs**e/-ha**x**e ist für viele Menschen ein Lu**x**us. (unterer Teil des Schweinebeines)
I Wenn es fi**x** gehen soll, rufen wir ein Ta**x**i. (schnell; Mietauto)
J Sei vorsichtig, wenn du die Leiter hinaufkra**x**elst. (hinaufklettern)
K Nach der Standpauke des Lehrers dru**cks**ten alle herum und niemand sagte einen Mu**cks**. (mit dem Sprechen zögern; Ton)
L Zu Pfi**ngs**ten sind die Geschenke am geri**ngs**ten, während Weihnachten etwas einbrachte. (christliches Fest)
M Einen Handwagen zieht man an der Dei**chs**el. (Stange an der Vorderachse eines Wagens zum Ziehen und Lenken)

2 *So könnte deine Lösung aussehen:*
Forscher haben eine Expedition in die Arktis unternommen. (Forschungsreise)
Für die Klärung schwieriger Fragen braucht man das Wissen von Experten. (Fachleute)
In Kalifornien wird extrem viel kostbares Wasser für die Gartenpflege und für Schwimmbäder verbraucht. (äußerst/außerordentlich)
Viele Menschen müssen ins Exil gehen, weil sie in ihren Heimatländern verfolgt werden. (außer Landes)
Soldaten müssen exerzieren. (üben)
Deutschland verdient sehr viel am Export seiner Waren. (Ausfuhr)
Heilmittel bestehen häufig aus Pflanzenextrakten. (Auszug)

Seite 71

1 *So könnte deine Lösung aussehen:*
lassen: fassen, hassen, Kassen, Massen, Tassen, Klassen, prassen
wissen: Kissen, hissen, vermissen, sie rissen, zerschlissen
Stuss: sie muss, Guss, Fluss, Kuss, Nuss
genießen: vergießen, fließen, sie hießen, sprießen, sie ließen
Rosen: Hosen, tosen, losen, liebkosen, Almosen, Dosen

2 *Markierungen:* Kuckucksei

Gebi**ss** gewi**ss** stie**ß** Ri**ss**	Ra**s**en Ha**s**en Va**s**en Ka**ss**en	Wa**ss**er be**ss**er Be**s**en Rö**ss**er	Sie stö**ß**t. Es to**s**t. Es ru**ß**t. Er bü**ß**t.

3 Der Wind sau**s**t und brau**s**t über die Dächer. (sau-sen; brau-sen)
Ohne Flei**ß** kein Prei**s**. (flei-ßig; Prei-se)
Mein Hund bei**ß**t nicht! (bei-ßen)
Verrei**s**t du in den Ferien? (verrei-sen)
Genie**ß**t du, was du gerade lie**s**t? (genie-ßen; le-sen)
Kennst du das Märchen von Schneewei**ß**chen und Rosenrot? (wei-ßer)

Seite 72

4 e**ss**en und a**ß**
me**ss**en und das Ma**ß**
sie verga**ß**, wir verge**ss**en
wir wi**ss**en, er wei**ß**
Er verschlei**ß**t seine Hosen, sie sind schnell verschli**ss**en.
der Genu**ss**, das Genie**ß**en

Der s-Laut wechselt, weil die Vokallänge sich ändert.
Das scharfe [s] schreibt man als Doppel-s nach kurzem Vokal am Silbengelenk.
Das scharfe [s] schreibt man ß nach langem Vokal und offener Silbe.

Teste dich! s-Laute unterscheiden und richtig schreiben

Eichhörnchen kommen zwischen März und August zur Welt. Im Anschlu**ss** an die Paarung verlä**ss**t das Männchen seine Partnerin in beiderseitigem Einverständni**s**. Eichhörnchen sind kurz nach der Geburt noch völlig nackt und auf die Mutter angewie**s**en. Etwa sechs Wochen nach der Geburt kann das Eichhörnchen die er**s**ten Schritte au**ß**erhalb des Kobels, seines Ne**s**ts, wagen. Nach acht bis zehn Wochen suchen die Ne**s**thocker selbstständig ihre Nahrung: Nü**ss**e, Bucheckern, Beeren, Fichtenzapfen oder Pilze. Ein Hörnchen sitzt beim E**ss**en aufrecht und umfa**ss**t die Ha**s**elnu**ss** fe**s**t mit seinen Greifzehen.
Nicht selten fallen Eichhörnchen aus ihrem Ne**s**t. Wenn die Mutter seine Pfiffe nicht hört, mü**ss**t ihr zu Hilfe kommen. Wei**s**t das Hörnchen keine Verletzungen auf, solltet ihr es am be**s**ten wieder an die Fundstelle zurückbringen und beobachten, ob die Mutter erscheint. Ist die**s** nicht der Fall, könnt ihr es in eure Obhut nehmen. Aber Vorsicht – nicht gleich füttern! Sein Krei**s**lauf ist vielleicht nicht mehr an E**ss**en gewöhnt. De**s**halb ist die Flü**ss**igkeitszufuhr jetzt wichtiger.

Seite 73

1 *So könnte deine Lösung aussehen:*

Es ist leicht zu beobachten, dass das Leben der Tiere ein ständiger Kampf um das Überleben ist.

Es liegt in der Natur der Tiere, dass sie fressen oder verhungern, fressen oder gefressen werden.

Die Entwicklungsgeschichte zeigt, dass nicht immer die Stärksten und Größten überleben, sondern die, die sich ihrer Umgebung am besten anpassen.

Außerdem kann man nachweisen, dass „Zufälle" wie ein Vulkanausbruch manchmal über das Überleben entscheiden.

Man weiß zum Beispiel, dass bei einem Vulkanausbruch die Galapagos-Inseln entstanden.

2 **a)** ( ) kennen · (X) erkennen · (X) träumen · (X) sich freuen · (X) meinen · ( ) pflegen · ( ) hassen · (X) behaupten · ( ) wegfahren · (X) schreiben · ( ) arbeiten · (X) glauben · (X) voraussagen · (X) entgegnen · ( ) beenden · (X) feststellen · ( ) leeren · (X) herausfinden · (X) sich ärgern

b) *So könnte deine Lösung aussehen:*
Man erkannte erst spät, dass die Erde keine Scheibe ist.
Ich habe geträumt, dass ich fliegen kann.
Ich freue mich, dass du kommst.
Ich meine, dass du recht hast.
Mein Lateinlehrer hat behauptet, dass ich abgeschrieben habe.
Mein englischer Freund schreibt, dass er mich besuchen kommt.
Ich glaube, dass wir unser Spiel gewinnen.
Der Wetterdienst hat vorausgesagt, dass es am Wochenende heiß wird.
Ich habe ihm entgegnet, dass das nicht stimmt.
Wir haben festgestellt, dass das Wasser des Baches verseucht ist.
Die Polizei fand schnell heraus, dass das herrenlose Auto gestohlen war.
Ich ärgere mich, dass ich die Aufgabe nicht lösen kann.

Seite 74

3 **Darwin und die Galapagos-Finken**
[…] Er zählte 14 verschiedene Finkenarten, die es auf dem Festland nicht gab. Sie hatten sich aus dem ursprünglichen Schwarm entwickelt und das Überlebensproblem, das sich aufgrund des knappen Nahrungsangebots auf den Vulkaninseln stellte, durch Veränderungen gelöst. […] Jedes Junge, das zur Welt kommt, unterscheidet sich dann ein klein wenig von seinen Eltern. Wenn zum Beispiel ein Küken schlüpft, das zufällig einen etwas dickeren Schnabel hat, kann es damit Futter zerbeißen, das für andere Finken zu hart ist. […]

Teste dich! *das / dass* unterscheiden und s-Laute richtig schreiben

1 / 2 *Markierungen:* Relativsatz, Nebensatz mit der Konjunktion *dass*
Das Wasser der Erde
Au**s** dem All betrachtet, sieht der grö**ß**te Teil unserer Erde blau au**s**, weil drei Viertel der Erdoberfläche von flü**ss**igem Wa**ss**er bedeckt sind. Da**s** i**s**t ein Glück, denn alle Lebewe**s**en sind auf Wa**ss**er angewiesen. Auf den er**s**ten Blick erscheint der Wa**ss**ervorrat der Erde unerme**ss**lich. Doch du wei**ß**t sicher, da**ss** da**s** mei**s**te Wa**ss**er Salzwa**ss**er i**s**t, da**s** ungenie**ß**bar i**s**t. Stell dir vor, da**ss** du eine Badewanne mit Wa**ss**er volllaufen lä**ss**t. Da**s** wäre dann alle**s** Wa**ss**er, da**s** die Erde zu bieten hat. Von die**s**em Badewanneninhalt wäre aber blo**ß** ein halber Eimer wertvolle**s** Sü**ß**wa**ss**er, da**s** zum Trinken geeignet i**s**t. Und da**s** bi**ss**chen Sü**ß**wa**ss**er i**s**t noch nicht einmal voll nutzbar, weil rie**s**ige Mengen davon an den Polen zu Ei**s** gefroren sind oder so weit unter der Erde liegen, da**ss** **s**ie nicht erreichbar sind. Von der ganzen Badewanne bleibt de**s**halb nur eine Literflasche genie**ß**bare**s** Wa**ss**er übrig.

Seite 75

1 **a)** tatsä**ch**lich (die Ta-ten); durchsichti**g** (durchsichti-ger); dire**k**t; Hau**t** (die Häu-te); wir**k**t (wir-ken); gelan**g**t (gelan-gen); Hau**t**; Gra**d** (die Gra-de); eisi**g** (eisi-ger); Gefrierpun**k**t; lie**g**t (lie-gen); stundenlan**g** (län-ger); ar**k**tisch; Erklärun**g** (die Erklärun-gen); Hau**t**; Lan**d** (die Län-der); wichti**g** (wichti-ger)

b) Merkwörter: direkt, Gefrierpunkt, arktisch

2 n**eu**lich; str**eu**nte; gr**äu**lich(e) (grau); gestr**äu**bt(em); Fe**ll**; n**ä**chtlich(en) (die Nacht); fr**eu**te sich; M**äu**schen (die Maus); B**eu**te; J**ä**ger (jagen); Gew**e**hre; Schr**ä**nke(n) (der Schrank); str**e**ngste(n); Ges**e**tze; vollst**ä**ndig(e) (der Stand); gew**ä**hren (wahren)

Seite 76

1 *Markierungen:* Aufzählungen, Satzunterbrechungen

Der tropische Regenwald
Es gibt keinen Lebensraum auf der Erde, in dem so viele Tiere leben wie in den tropischen Regenwäldern Afrikas, Südamerikas und Asiens. Hier, begünstigt vom feuchten heißen Klima in Äquatornähe, leben mehr Arten als in allen anderen Regionen zusammen. Ein Regenwald wirkt dunkel, dicht und wild, denn nur ein Prozent des Sonnenlichts dringt in das Unterholz vor. Umgestürzte Riesenpalmen verfaulen zwischen verholzten Lianen und Farnbüscheln. Pilze, Bakterien und verschlungene Wurzeln bilden die oberste Bodenschicht. Auf dieser Bodenschicht, dem „Erdgeschoss" des Waldes, tummeln sich Käfer, Tausendfüßler, Blutegel, Vogelspinnen und Heerscharen von Termiten, ameisenähnlichen Insekten, die Holz fressen.
In der nächsten „Etage", der sogenannten Strauchschicht, leben Faultiere und Affen, z. B. Gibbons und Klammeraffen. Im „Dachgeschoss", der sogenannten Kronenschicht, strecken bis zu 60 Meter hohe Bäume ihre Kronen ins Licht. Größere Tiere kommen nur selten hierher und auch Papageien und Tukane, Spechtvögel mit gebogenen Schnäbeln, vergnügen sich lieber eine Etage tiefer.

2 **A** In ruhigen und naturbelassenen Waldgebieten fühlt sich der Schwarzstorch, **ein scheuer Vogel**, wohl.
B Der Kormoran, **ein Fischfresser**, galt lange als Nahrungskonkurrent des Menschen.
C Kraniche und Seeadler, **vom Aussterben bedroht**, vermehren sich wieder stärker.
D Borkenkäfer, **eine Leibspeise der Spechte**, vermehren sich im Totholz.

Seite 77

1 Im Hauptsatz steht das finite (gebeugte) Verb an der **zweiten** Satzgliedstelle, im Nebensatz in der Regel an der **letzten** Satzgliedstelle.

2 **a) und b)** *Markierungen:* finite (gebeugte) Verben; Hauptsatz *und* Nebensatz

A Der Apfel ist keine heimische Frucht, sondern er war ursprünglich in Zentral- und Westasien beheimatet.

B Für die Kelten war der Apfel ein Symbol für Tod und Wiedergeburt, bei den Germanen hütete die Göttin Iduna goldene Äpfel, die den Göttern Unsterblichkeit verliehen.

C Äpfel stehen an der vierten Stelle der weltweiten Produktion für Obstsorten, weil sie sehr genügsam sind.

D China ist das Land, das die meisten Äpfel produziert.

E In Europa sind die Deutschen die größten Apfelesser, wobei aber nur ungefähr die Hälfte dieser Äpfel in Deutschland produziert wird.

F Wenn man abnehmen will, können Äpfel hilfreich sein.

G Das Apfelpektin, das im Magen aufquillt, senkt den Cholesterinspiegel und sorgt dafür, dass man sich lange satt fühlt.

3 **a) und b)** *Markierungen:* finite (gebeugte) Verben, **Einleitewörter der Nebensätze**

Der Apfel
Der Apfel, **der** bei den Römern Malus („das Böse") hieß, **weil** er mit dem Sündenfall die Vertreibung des Menschen aus dem Paradies bewirkt hatte, stammt ursprünglich aus Asien. Schon im Mittelalter wurde er jedoch in Deutschland heimisch. **Da** man manche Sorten bis in das Frühjahr hinein lagern kann, konnten die Menschen Vitamine auch in der kalten Jahreszeit zu sich nehmen. Das war zu den Zeiten wichtig, **als** es noch keine Importe aus anderen Ländern gab und man keine frischen Äpfel kaufen konnte.
Dass der Apfel gesund ist, **weil** er viele Vitamine besitzt, weißt du bestimmt. Aber wusstest du auch, **dass** er ein Heilmittel für das Verdauungssystem und den Stoffwechsel ist? **Wenn** du einen rohen Apfel auf nüchternen Magen isst, hilft das gegen Verstopfung. Merkwürdigerweise wirkt der gleiche Apfel, **wenn** er fein gerieben wird, gegen Durchfall.

Seite 78

Teste dich! Kommas richtig setzen

Vögel bestimmen – Aufgepasst: Piepmätze im Großeinsatz
Sixta Görtz
Das Frühjahr ist die beste Zeit für Vogelbeobachter. Dann sind die Piepmätze nämlich unermüdlich im Einsatz: Sobald die besten Reviere verteilt sind, beginnen Paarung und Nestbau. Bei manchen Vogelfamilien ist sogar schon der Nachwuchs unterwegs. Zu keiner anderen Zeit im Jahr ist der Vogel-Terminplan so vollgepackt wie im Frühling. Und dabei zwitschern, rufen und singen die kleinen Schreihälse um die Wette.

Vögel gibt's überall
Vögel zu bestimmen ist gar nicht schwer – zumindest für alle Naturdetektive, die gut still sitzen können. Mit ein bisschen Übung kannst du bald viele verschiedene Vögel in deiner Nähe entdecken. Vögel gibt es nämlich überall – im Wald, auf Wiesen, in Feuchtgebieten, im eigenen Garten und sogar in der Großstadt. Deshalb schnapp dir ein Fernglas und ab nach draußen!

Wie erkennt und bestimmt man Vögel?
Eine Bachstelze wippt meistens mit dem Schwanz, eine Meise kann an den dünnsten Zweigen herumturnen, Amseln singen oft von hohen Punkten aus und ein Bussard fliegt am Himmel große Kreise. Um all dies erkennen zu können, braucht es vor allem Geduld und ein Fernglas. Mit einem guten Bestimmungsbuch oder einer Vogel-App für dein Smartphone dazu bist du perfekt ausgestattet. Am besten beobachtest du Vögel, indem du dir ein gemütliches Plätzchen suchst, an dem du es auch länger aushalten kannst. Zieh dich warm an und setz dich mit dem Rücken zur Sonne. Und dann: Möglichst nicht mehr bewegen.

Die wichtigsten Merkmale
Die wichtigsten Merkmale für die Bestimmung von Vögeln sind der Lebensraum, die Farbe des Gefieders, die Körpergröße und der Gesang. Mit dem Fernglas kannst du die Farbe und die Körpergröße gut unterscheiden. Außerdem kannst du Abstand halten, sodass die Tiere ungestört bleiben und nicht davonflattern. Das Bestimmungsbuch hilft dir dabei, die Vögel richtig einzuordnen. Gute Bestimmungsbücher sind so übersichtlich aufgebaut, dass du die wichtigsten Merkmale auf den ersten Blick erkennen kannst. Für die Apps brauchst du zwar am Anfang ein bisschen Übung, aber dann haben sie den Vorteil, dass du durch ein paar Klicks deine Suche eingrenzen kannst und dann nur noch einige passende Arten angezeigt bekommst. Das ist für Anfänger eine sehr gute Hilfe. [...]
Die meisten Vögel hört man, bevor man sie sieht. Deshalb beginne deine Vogelbeobachtung mit den Ohren. Lausche kurz, bevor du mit dem Fernglas nach dem Besitzer der Stimme suchst. Wenn du das ein paarmal gemacht hast, wird es dir sicher leichtfallen, die Vogelstimmen zu erkennen. [...]

Seite 79

1 *So könnte deine Lösung aussehen:*

Steht ein Begleitsatz vor der wörtlichen Rede, wird dieser mit dem Doppelpunkt abgeschlossen.

Unsere Klassenlehrerin bat uns: „Schließt bitte die Fenster nach dem Unterricht!"

Steht ein Begleitsatz hinter der wörtlichen Rede, trennt ein Komma die Rede vom Begleitsatz.

„Schließt bitte die Fenster nach dem Unterricht!", bat uns unsere Klassenlehrerin.

Steht der Begleitsatz innnerhalb der wörtlichen Rede, wird der Begleitsatz in Kommas eingeschlossen.

„Schließt nach dem Unterricht bitte die Fenster", bat uns unsere Klassenlehrerin, „und stellt die Stühle hoch!"

2 a) und b)

Z. 9: „Mutter, die Flut", riefen sie [...]
Z. 10: „In unsere Hütte wird das Wasser nicht kommen", tröstete die Mutter die Kinder.
Z. 12: „Mutter, wir ertrinken!", weinten die Kleinen.
Z. 15–16: [...] da schrien die Kinder abermals: „Mutter, die Flut!"
Z. 18–19: [...] hockte die Mutter sich hin und sagte zu den Kindern: „Steigt auf meine Schultern!"
Z. 20: Dann betete sie: „Herr im Himmel, wenn ich auch ertrinken muss, lass meine Kinder leben!"
Z. 22: „Wird die Flut uns auch hier erfassen?", jammerten weinend die Kinder.
Z. 23: „Warum ist deine Hand so hart und kalt wie Stein?", schrie das kleinste.
Z. 23–24: Und das älteste sagte entsetzt: „Mutter, deine Schultern sind auch wie Stein, deine Brust und dein Rücken auch."